小学校・中学校における

安全教育

渡邉正樹・林 尚示 共編著

培風館

執筆者一覧〈五十音順〉

［所属は 2020 年 6 月現在］

相田（あいだ）　隆司（たかし）　東京学芸大学教育学部教授　［第 7 章］

腰越（こしごえ）　滋（しげる）　東京学芸大学教育学部准教授　［第 3 章］

鈴木（すずき）　樹（たつき）　鎌倉女子大学教育学部教授　［第 4 章］

蜂須賀（はちすが）洋一（よういち）　上越教育大学大学院学校教育研究科講師　［第 5 章］

林（はやし）　直美（なおみ）　上野学園大学短期大学部講師　［第 2 章］

林（はやし）　尚示（まさみ）　東京学芸大学教育学部准教授，博士（教育学）　［編者，第 10，12 章］

藤田（ふじた）　智子（ともこ）　東京学芸大学教育学部准教授，博士（学術）　［第 8 章］

布施（ふせ）　梓（あずさ）　東京大学大学院教育学研究科附属海洋教育センター特任研究員　［第 6 章］

安井（やすい）　一郎（いちろう）　獨協大学国際教養学部教授　［第11章］

山本（やまもと）　浩二（こうじ）　文教大学教育学部准教授，博士（教育学）　［第 9 章］

渡邉（わたなべ）　正樹（まさき）　東京学芸大学教職大学院教授，博士（教育学）　［編者，第 1 章］

まえがき

近年，安全教育の重要性が従来よりも増してきています。さまざまな災害，日常における事故や危険など，いままで以上に，事故や災害の未然防止のために，児童生徒には危機予測・回避の力が求められるようになるでしょう。

本書は，「学校安全」のなかの「安全教育」に焦点を絞り，小学校と中学校における安全教育の内容と方法を，各教科等の特性をふまえてわかりやすく解説した教科書・参考書としてまとめたものです。さまざまな危機予知とそれに対する適切な対応の仕方，および児童生徒が具体的に学習することを促進するさまざまな方法が本書には述べられています。

2017年に，教職課程コアカリキュラム(教職課程コアカリキュラムの在り方に関する検討会)のなかに学校安全が目標設定されました。本書は，この教職課程コアカリキュラムの“学校安全への対応”に連動しています。これから教員になる学生には，学校安全の領域である生活安全・交通安全・災害安全や，学校を取り巻く新たな安全上の課題に対して，安全教育の具体的な取り組みを理解することが求められています。このコアカリキュラムの具体的内容は，「教育に関する社会的，制度的又は経営的事項(学校と地域との連携及び学校安全への対応を含む。)」に記載されており，科目としては「教育の基礎的理解に関する科目」に含まれています。つまり，安全教育の具体的な取り組みを理解していることが，教員として勤めるためにはとても重要になったということです。さらに，安全教育は各教科の指導法等にもかかわる内容のため，現職の先生方やこれから教員をめざす学生にとってはとても重要です。

本書の内容は，はじめに安全教育の基本について理解を深めます。次に，教育哲学・教育史における安全教育，社会的養護に着目した教育社会学からみた安全教育，そして，教育課程における安全教育について具体的に学びます。ここまでは教科等を越えた基礎的な部分です。そして，安全教育に深く関連する教科等別，すなわち，社会科，理科，図画工作科・美術科，家庭科，体育科・保健体育科，総合的な学習の時間，特別活動および部活動における安全教育について解説します。最後に，教科等ではありませんが，学校の機能として重要な生徒指導における安全教育について学びます。

本書で学ぶにあたっては，まず，学生の皆さんが「安全教育」の基礎的内容を理解するには，はじめから読み進めて全体像を把握していくことがよいと思います。教科の指導法等の授業で理解を深めるために読む場合や，現職の先生方が各自の関心から読む場合は，重要度の高い部分を中心に読んでいただけばよいでしょう。さらに，本書を教科書として使う場合には，まずは章単位で基礎的な部分を講義形式で学び，続いて個別学習やグループ学習などで具体的な指導案やワークシートについて検討を深めるとよいでしょう。そして，教育現場での使い方としては，校内研修や配布資料の根拠として活用していただくことがよいと思います。各教育委員会の作成資料も価値がありますが，さまざまな角度から安全教育について理解を深めることが，教師の専門性をさらに高めることになるためです。

本書が，教職をめざす学生や日々教育現場で活躍されている教師の方々に少しでも役立つことができれば，編者としてこれに勝るよろこびはありません。

2020 年 3 月

編者らしるす

目　　次

1 章

安全教育の基本

安全教育は，安全管理，組織活動とともに学校安全を構成している。安全教育は「第２次学校安全の推進に関する計画」にあげられた「全ての児童生徒等が，安全に関する資質・能力を身に付けること」をめざし，目標とされている３つの資質・能力を育成するために，学校教育全体を通じて行われる。また学校においては，学校保健安全法により学校安全計画の策定と実施が義務づけられており，安全教育の年間計画を立てることになっている。安全教育の領域は「生活安全」「交通安全」「災害安全」に分けられており，常に新たな課題が加わる。これらに含まれる安全教育の内容は各教科等に位置づいており，それぞれの内容のつながりを整理して，教育課程を編成する。したがって，カリキュラム・マネジメントが重要となる。さらに安全教育の評価を通じて，教育課程の改善につなげていく。

1－1　学校教育における安全教育の位置づけ

家庭，学校，そして地域社会における日々の生活のなかで，さまざまな危険・危機が子供たちを取り巻いており，それらによって引き起こされる事件・事故によって重大な被害がもたらされることもある。そのような状況のなかで，学校安全は，子どもたちの命を守るうえで欠かすことのできない教育活動となっている。

学校安全とは，「児童生徒等が自ら安全に行動し，他の人や社会の安全に貢献できる資質・能力を育成するとともに，児童生徒等の安全を確保するための環境を整えること」を目的としている。また学校安全は図 1-1 に示すように，学校における児童生徒等の安全にかかわる諸活動，すなわち，

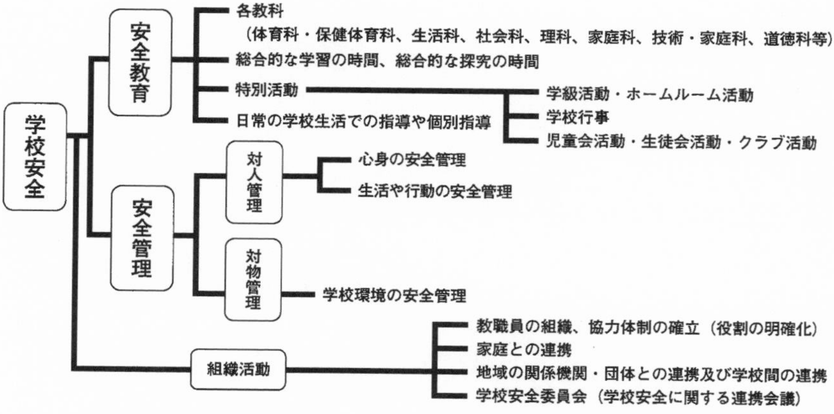

図 1-1 学校安全の構成要素（出典：文部科学省(2019). 学校安全資料「生きる力」をはぐくむ学校での安全教育, p.12）

「児童生徒等が自らの行動や外部環境に存在する様々な危険を制御して，自ら安全に行動したり，他の人や社会の安全のために貢献したりできるようにすることを目指す安全教育」

と，

「児童生徒等を取り巻く環境を安全に整えることを目指す安全管理」，

そして

「両者の活動を円滑に進めるための組織活動」

という 3 つの主要な活動から構成されている。

この図が示すように安全教育は，安全管理とともに学校安全を推進する柱となっているが，児童生徒等が自分自身で身を守り，進んで安全な環境をつくっていくためには安全教育の役割が重大である。

ところで以前の安全教育では，教科を中心とする“安全学習”と特別活動を中心とする“安全指導”によって安全教育が構成されるとしていたが，平成 29 年告示の学習指導要領以降はこの区別をやめて，図 1-1 のようにすべて“安全教育”で示すようになった。しかし，平成 29 年告示の学習指導要領においても教科によっては安全指導という表記がみられる。そのため学習指導要領および同解説で“安全指導”が用いられている場合は，そのまま本書でも使用している。

1-2　安全教育の意義と目標

2017年3月に閣議決定された「第2次学校安全の推進に関する計画」(以下「第2次計画」)では，今後の学校安全がめざすべき姿の一つとして「全ての児童生徒等が，安全に関する資質・能力を身に付けることを目指す」ことがあげられた。さらに，この第2次計画では安全教育にかかわる施策目標を，

「全ての学校において，学校教育活動全体を通じた安全教育を実施する」
「全ての学校において，自校の安全教育の充実の観点から，その取組を評価・検証し，学校安全計画(安全管理，研修等の組織活動を含む)の改善を行う」

としている。これら2つの施策目標は，学校安全計画に安全教育の目標を位置づけてカリキュラム・マネジメントの確立することを示したものである。

第2次計画には「安全に関する資質・能力」として次の3つの資質・能力が示されており，これらを育成することが，安全教育の目標となっている。

○様々な自然災害や事件・事故等の危険性，安全で安心な社会づくりの意義を理解し，安全な生活を実現するために必要な知識や技能を身に付けていること。(知識・技能)

○自らの安全の状況を適切に評価するとともに，必要な情報を収集し，安全な生活を実現するために何が必要かを考え，適切に意思決定し，行動するために必要な力を身に付けていること。(思考力・判断力・表現力等)

○安全に関する様々な課題に関心をもち，主体的に自他の安全な生活を実現しようとしたり，安全で安心な社会づくりに貢献しようとしたりする態度を身に付けていること。(学びに向かう力・人間性等)

しかし後述するように，近年の安全教育においては危険予測・回避能力を身に付けることや，「主体的に行動する態度」を育成することが重視されており，危険予測・回避能力の育成に関する学習は，体育科・保健体育科をはじめとする教科等においても取り上げられている。また，学びに向かう力・人間性等に示された内容は，安全教育が自助のみならず共助や公助についても学ぶことを示している。

以上をふまえて，『学校安全資料「生きる力」をはぐくむ学校での安全教育』(文部科学省 2019)には，この資質・能力に基づいて校種別に安全教育の目標が示されている(表1-1)。

表 1-1 校種別における安全教育の目標

（1） 幼稚園 日常生活の場面で，危険な場所，危険な遊び方などが分かり，安全な生活に必要な習慣や態度を身に付けることができるようにする。また，災害時などの行動の仕方については，教職員や保護者の指示に従い行動できるようにするとともに，危険な状態を発見したときには教職員や保護者など近くの大人に伝えることができるようにする。
（2） 小学校 安全に行動することの大切さや,「生活安全」「交通安全」「災害安全」に関する様々な危険の要因や事故等の防止について理解し，日常生活における安全の状況を判断し進んで安全な行動ができるようにするとともに，周りの人の安全にも配慮できるようにする。また，簡単な応急手当ができるようにする。
（3） 中学校 地域の安全上の課題を踏まえ，交通事故や犯罪等の実情，災害発生のメカニズムの基礎や様々な地域の災害事例，日常の備えや災害時の助け合いの大切さを理解し，日常生活における危険を予測し自他の安全のために主体的に行動できるようにするとともに，地域の安全にも貢献できるようにする。また，心肺蘇生等の応急手当ができるようにする。
（4） 高等学校 安全で安心な社会づくりの意義や，地域の自然環境の特色と自然災害の種類，過去に生じた規模や頻度等，我が国の様々な安全上の課題を理解し，自他の安全状況を適切に評価し安全な生活を実現するために適切に意思決定し行動できるようにするとともに，地域社会の一員として自らの責任ある行動や地域の安全活動への積極的な参加等，安全で安心な社会づくりに貢献できるようにする。
（5） 特別支援学校及び特別支援学級 児童生徒等の障害の状態や特性及び発達の程度等，さらに地域の実態等に応じて，安全に関する資質・能力を育成することを目指す。

（出典：文部科学省(2019)．学校安全資料「生きる力」をはぐくむ学校での安全教育，p.28）

1－3 学校安全計画および学校の危機管理における安全教育

第 2 次計画の施策目標では，学校安全計画の改善について述べられている。学校安全計画における安全教育の位置づけは，学校保健安全法第 27 条に示されている。

「学校においては，児童生徒等の安全の確保を図るため，当該学校の施設及び設備の安全点検，児童生徒等に対する通学を含めた学校生活その他の日常生活における安全に関する指導，職員の研修その他学校における安全に関する事項について計画を策定し，これを実施しなければならない」

このなかで「当該学校の施設及び設備の安全点検」は安全管理に，「児童生徒等に対する通学を含めた学校生活その他の日常生活における安全に関する指導」は安全教育に，「職員の研修その他学校における安全に関する事項」は組織活動におおよそ対応しており，前述の学校安全の構造に基づく年間計画であることがわかる。そして学校安全計画の作成と実施が学校に義務づけられている。図1-2は，小学校の学校安全計画の安全教育の部分のみ，4月～9月を抜粋したものである。このように教育課程に基づき，各月の内容を示すことになる。図1-3は同様に，中学校の学校安全計画の抜粋である。

また，学校保健安全法第29条では，

「学校においては，児童生徒等の安全の確保を図るため，当該学校の実情に応じて，危険等発生時において当該学校の職員がとるべき措置の具体的内容及び手順を定めた対処要領を作成するものとする」

とある。これは「危険等発生時対処要領」，すなわち危機管理マニュアルの作成を示したものである。学校の危機管理は3つの段階，すなわち，

- 事前の危機管理(事故等の発生を予防する観点から，体制整備や点検，避難訓練について)
- 個別の危機管理(事故等が発生した際に被害を最小限に抑える観点から，様々な事故等への具体的な対応について)
- 事後の危機管理(緊急的な対応が一定程度終わり，復旧･復興する観点から，引渡しや心のケア，調査，報告について)

である。

ここで事前の危機管理には，点検，避難訓練，教職員研修に加えて，安全教育も含まれる。なお，児童生徒等の避難訓練も安全教育ともいえるが，避難訓練には教職員のみに行う訓練もあり(たとえば学校への不審者侵入を想定した避難訓練など)，そのためここでは避難訓練と安全教育が区別されている。

項目		月	4	5	6	7・8	9
月の重点			通学路を正しく歩こう	安全に休み時間を過ごそう	梅雨時の安全な生活をしよう	自転車のきまりを守ろう	けがをしないように運動をしよう
道徳			規則尊重	生命の尊重	思いやり・親切	勤勉努力	明朗誠実
安全教育	生活		・遊具の正しい使い方 ・校内探検 ・廊下の歩き方、安全な校内での過ごし方	・地域巡り、野外観察の交通安全 ・活動に使用する用具等の安全な使い方	・通学路の様子、安全を守っている人々の働き	・虫探し・お店探検時の交通安全	・はさみの使い方
	社会		・我が国の国土と自然環境（5）	・地域の安全を守る働き（消防署や警察署）（3）	・自然災害と人々を守る行政の働き（4）	・地域に起こる自然災害と日頃の備え（4）	・国土の保全と国民生活（自然条件と災害の種類や発生の位置や時期）（5）
	理科		・天気の変化 ・ガスバーナーの使い方など正しい加熱、燃焼や気体の発生実験	・カバーガラス、スライドガラス、フラスコなどガラス実験器具の使い方	・雨水の行方と地面の様子 ・実験・観察器具の正しい使い方	・夜間観察の安全	・天気の変化と災害
	図工		・ハサミ・カッター・ナイフ・糸のこぎり・金づち・釘抜き・彫刻刀・ペンチ等の用具、針金・竹ひご・細木、				
	家庭		・針、はさみの使い方 ・用具の個数確認	・アイロン等の熱源用具の安全な取扱い	・食品の取扱い方	・包丁の使い方 ・調理台の整理整頓	・実習時の安全な服装
	体育		・固定施設の使い方 ・運動する場の安全確認	・集団演技、行動時の安全	・水泳前の健康観察 ・水泳時の安全		・鉄棒運動の安全
	総合的な学習の時間		「○○大好き～町たんけん」（3年）「交通安全ポスターづくり」（4年）				
	学級活動	低学年	・通学路の確認 ◎安全な登下校 ・安全な給食配膳 ・子供110番の家の場所	・休み時間の約束 ◎防犯避難訓練の参加の仕方 ・遠足時の安全 ・運動時の約束	・雨天時の約束 ◎プールの約束 ・誘拐から身を守る	・夏休みの約束 ◎自転車乗車時の約束 ・落雷の危険	◎校庭や屋上の使い方のきまり ・運動時の約束
		中学年	・通学路の確認 ◎安全な登下校 ・安全な清掃活動 ・誘拐の起こる場所	・休み時間の安全 ◎防犯避難訓練への積極的な参加 ・遠足時の安全 ・運動時の約束 ◎防犯教室（3年生）	・雨天時の安全な過ごし方 ◎安全なプールの利用の仕方 ・防犯にかかわる人たち	・夏休みの安全な過ごし方 ・自転車乗車時のきまり ・落雷の危険	◎校庭や屋上の使い方のきまり ・運動時の安全な服装
		高学年	・通学路の確認 ◎安全な登下校 ・安全な委員会活動 ・交通事故から身を守る ◎身の回りの犯罪	・休み時間の事故とけが ◎防犯避難訓練の意義 ・交通機関利用時の安全	・雨天時の事故とけが ◎救急法と着衣泳 ・自分自身で身を守る ◎防犯教室（4、5、6年生）	・夏休みの事故と防止策 ・自転車の点検と整備の仕方 ・落雷の危険	◎校庭や屋上で起こる事故の防止策 ・運動時の事故とけが
	児童会活動等		・新1年生を迎える会	・児童総会 ・クラブ活動、委員会 ・活動開始		・児童集会 ・地域児童会集会	
	主な学校行事等		・入学式 ・健康診断 ・交通安全運動	・運動会・遠足 ・避難訓練（不審者）	・自然教室 ・集団下校訓練（大雨等） ・プール開き		・交通安全運動 ・総合防災訓練（地震→引渡し）

図 1-2　小学校の学校安全計画の例。学級活動の欄で◎は1単位時間程度の指導，・は短い時間の指導を示す。（ただし4月～9月のみ，安全管理および組織活動は省略）（出典：文部科学省(2019)．学校安全資料「生きる力」をはぐくむ学校での安全教育，p.128）

項目＼月		4	5	6	7・8	9
月の重点		安全な登下校ができるようになろう	けがのない体育祭にしよう	梅雨期を安全に過ごそう	熱中症に気を付けよう	過去の災害を知り、災害に備えた生活をしよう
道徳		生命の尊さ	よりよい学校生活、集団生活の充実	自主・自立、自由と責任	遵法精神、公徳心	郷土の伝統と文化の尊重、郷土を愛する態度
安全教育	社会	日本の様々な地域（地域調査） ・防災を視点とした地域調査				
	理科	・理科室における一般的注意 ・実験時の危険防止とふさわしい服装	・薬品やガラス器具の使い方 ・加熱器具の使い方 ・備品の点検整備	・薬品の保管・廃棄等	・薬品検査 ・野外調査・天体観察の留意点	・自主研究の実験場の注意 ・電気についての知識
	美術	・美術室の備品と安全な行動	・備品の点検整備	・彫刻刀の正しい使い方	・ニードル等の道具の使用の注意 ・備品検査	・版画用プレス機の使い方
	体育分野	・集団行動様式の徹底 ・施錠や用具の使い方	・自己の体力を知る（体力テストの実施）	・水泳の安全な行い方と事故防止		・陸上運動の適切な場所の使い方と安全な行い方
	保健分野		・交通事故や自然災害などによる傷害の発生要因	・熱中症予防		
	技術・家庭	・施設・設備の使用上の注意 ・作業場所の確保	・安全、適切な制作 ・金属材料の性質と切断	・工作加工機械や工具の安全や点検	・切断切削加工時の安全 ・備品の点検整備	・工作機械の安全な利用
	技術・家庭	・実習室の使用上の注意	・ガスコンロの使い方 ・換気、ゴム管の点検	・調理実習における注意	・備品の点検整備	・電気機器の安全な利用 ・食生活と健康
	実験、実習を伴う教科	・実験に使用する加熱器具やガラス器具等の安全な使い方、薬品の安全な取扱いと適正な保管・廃棄 ・造形活動や加工、調理等の各種作業で使用する機械や工具、電気、ガス製品の安全な利用と整備点検				
	総合的な学習の時間	〈活動例〉「わが町の交通安全対策調べ」「学区安全マップづくり」「災害とまちづくり・くにづくり」など				
	学級活動 第1学年	・通学路の確認 ・部活動での安全 ・自分でできる安全点検 ◎犯罪被害の防止や通報の仕方	・体育祭の取組と安全 ◎災害時の安全な避難の仕方と日常の備え ・清掃方法を確認しよう	・雨天時の校舎内での過ごし方 ・校内での事故と安全な生活 ◎水泳、水の事故と安全	・落雷の危険や風水害 ・自分の健康チェック ◎夏休みの生活設計と安全（防犯） ・プール・海・川等の水難事故防止	◎地震の危険 ・市総合体育大会と安全
	学級活動 第2学年	・通学路の確認 ・自分でできる安全点検 ◎犯罪被害の防止や通報の仕方	・体育祭の取組と安全 ◎交通事故防止を考えよう	・雨天時の校舎内での過ごし方 ◎水泳、水の事故と安全	・自分の健康チェック ◎夏休みの生活設計と安全（防犯） ・プール・海・川等の水難事故防止	◎地震の危険と避難 ・市総合体育大会と安全
	学級活動 第3学年	◎犯罪被害の防止や通報の仕方 ・登下校の安全 ・自分でできる安全点検	・体育祭準備 ◎心の安定と事故	◎水泳、水の事故と安全 ◎修学旅行と安全	・自分の健康チェック ◎夏休みの生活設計と安全（防犯） ◎プール・海・川等の水難事故防止	◎地震の危険と避難 ・市総合体育大会と安全
	生徒会活動	・部活動紹介	・体育祭 ・校内安全点検活動	・生徒会総会 ・中体連壮行会	・球技大会	
	主な学校行事等	・学校説明会 ・交通安全運動 ・避難訓練（地震）	・新体力テスト ・体育祭	・修学旅行 ・避難訓練（不審者） ・心肺蘇生法講習会	・夏の交通安全運動	・避難訓練（地震→引渡し） ・秋の交通安全運動
	部活動	・活動ガイダンス ・練習の進め方指導	・部活動保護者会	・熱中症予防指導		

図 1-3　中学校の学校安全計画の例。学級活動の欄で◎は１単位時間程度の指導，・は短い時間の指導を示す。（ただし４月～９月のみ，安全管理および組織活動は省略）（出典：文部科学省（2019）．学校安全資料「生きる力」をはぐくむ学校での安全教育，p.130）

1－4　安全教育の領域

安全教育が扱う領域は大きく３つに分かれる。すなわち「生活安全」「交通安全」「災害安全」である。３つの領域は次のような内容を扱う。

「生活安全」：学校・家庭など日常生活で起こる事件・事故を取り扱う。誘拐や傷害などの犯罪被害防止も含まれる。

「交通安全」：さまざまな交通場面における危険と安全，事故防止が含まれる。

「災害安全」：地震・津波災害，火山災害，風水(雪)害等の自然災害に加え，火災や原子力災害も含まれる。

ここで「災害安全」は防災・減災と読み替えることができるが，必ずしも自然災害に限定したものではない。

それぞれの詳細は表 1-2 のとおりである。

表 1-2 の生活安全における「③事故発生時の通報と心肺蘇生法などの応急手当」，交通安全における「⑫消防署や警察署など関係機関の働き」，あるいは災害安全における「⑨災害時における心のケア」は，特定の領域に位置づいてはいるが，実際には安全教育全体にかかわる共通した内容である。

なお，小学校学習指導要領(2017 年告示)解説 総則編(以下「総則」)において，「健やかな体」(第１章 第１の２の(3))のなかに安全に関して次の記述がある。

「安全に関する指導においては，様々な自然災害の発生や，情報化やグローバル化等の社会の変化に伴い児童を取り巻く安全に関する環境も変化していることから，身の回りの生活の安全，交通安全，防災に関する指導や，情報技術の進展に伴う新たな事件・事故防止，国民保護等の非常時の対応等の新たな安全上の課題に関する指導を一層重視し，安全に関する情報を正しく判断し，安全のための行動に結び付けるようにすることが重要である。」

表 1-2 に示された内容は固定されたものではなく，時々刻々と変化する社会情勢や環境と相まって，安全教育の内容も常に見直しが必要といえる。たとえば，生活安全の⑤や交通安全の⑪は，近年の科学技術の進歩にともなって生じた安全に関する課題であり，今後も新たな課題が取り上げられるであろう。

表1-2　安全教育の領域

（1）　生活安全に関する内容

① 学校，家庭，地域等日常生活の様々な場面における危険の理解と安全な行動の仕方
② 通学路の危険と安全な登下校の仕方
③ 事故発生時の通報と心肺蘇生法などの応急手当
④ 誘拐や傷害などの犯罪に対する適切な行動の仕方など，学校や地域社会での犯罪被害の防止
⑤ スマートフォンやSNSの普及に伴うインターネットの利用による犯罪被害の防止と適切な利用の仕方
⑥ 消防署や警察署など関係機関の働き

（2）　交通安全に関する内容

① 道路の歩行や道路横断時の危険の理解と安全な行動の仕方
② 踏切での危険の理解と安全な行動の仕方
③ 交通機関利用時の安全な行動
④ 自転車の点検・整備と正しい乗り方
⑤ 二輪車の特性の理解と安全な利用
⑥ 自動車の特性の理解と自動車乗車時の安全な行動の仕方
⑦ 交通法規の正しい理解と遵守
⑧ 自転車利用時も含めた運転者の義務と責任についての理解
⑨ 幼児，高齢者，障害のある人，傷病者等の交通安全に対する理解と配慮
⑩ 安全な交通社会づくりの重要性の理解と積極的な参加・協力
⑪ 車の自動運転化に伴う課題(運転者の責任)，運転中のスマートフォン使用の危険等の理解と安全な行動の仕方
⑫ 消防署や警察署など関係機関の働き

（3）　災害安全に関する内容

① 火災発生時における危険の理解と安全な行動の仕方
② 地震・津波発生時における危険の理解と安全な行動の仕方
③ 火山活動による災害発生時の危険の理解と安全な行動の仕方
④ 風水(雪)害，落雷等の気象災害及び土砂災害発生時における危険の理解と安全な行動の仕方
⑤ 放射線の理解と原子力災害発生時の安全な行動の仕方
⑥ 避難場所の役割についての理解
⑦ 災害に関する情報の活用や災害に対する備えについての理解
⑧ 地域の防災活動の理解と積極的な参加・協力
⑨ 災害時における心のケア
⑩ 災害弱者や海外からの来訪者に対する配慮
⑪ 防災情報の発信や避難体制の確保など，行政の働き
⑫ 消防署など関係機関の働き

(出典：文部科学省(2019)．学校安全資料「生きる力」をはぐくむ学校での安全教育，pp.29-30)

1－5　教育課程における安全教育

1－5－1　安全教育の位置づけ

安全教育は特定の教科ではないため，各教科，特別活動，総合的な学習の時間など教育課程全体にかかわって教科横断的に行うことになる(図1-4)。

中央教育審議会「幼稚園，小学校，中学校，高等学校及び特別支援学校の学習指導要領等の改善及び必要な方策等について(答申)」(2016年12月)において，「安全で安心な社会づくりのために必要な力」を「現代的な諸課題に対応できるようになるために必要な力」の一つとしてあげ，「資質・能力と教科等の関係を明確にし，どの教科等におけるどのような内容に関する学びが資質・能力の育成につながるのかを可視化し，教育課程全体を見渡して確実に育んでいくこと」を課題としている。独立した教科ではない安全教育では，カリキュラム・マネジメントは特に重要である。なお，生活安全，交通安全，災害安全のなかでも，災害安全(防災)に関する学習内容は各教科等に広く取り上げられているが，自然災害の発生に関する内容は主に理科に，防災における共助・公助の内容は主に社会，危険回避など自助は主に体育・保健体育に位置づいているといえる。

ところで図1-1に示したように，安全教育の場面は，小中学校では「各教科」「総合的な学習の時間」「特別活動」「日常の学校生活における安全に関する指導」に分けることができる。『学校安全資料　「生きる力」をはぐくむ学校での安全教育』(文部科学省 2019)に基づき，小中学校の教育課程における安全教育の位置づけを示すと，以下のとおりになる。

1－5－2　教科における安全教育

図1-2や図1-4に基づいて，各教科等における安全教育についてみていく.

小学校体育科保健領域では，第5学年「けがの防止」において「交通事故や身の回りの生活の危険が原因となって起こるけがの防止」「けがの手当」を取り上げ，けがの発生要因や防止の方法，簡単な応急手当等について学習することになっている。ここで「身の回りの生活の危険」には家庭や学校で発生する事故に加え，犯罪被害も含まれている。

小学校社会科では，特に防災に関して第3学年で「地域の安全を守る働き」,

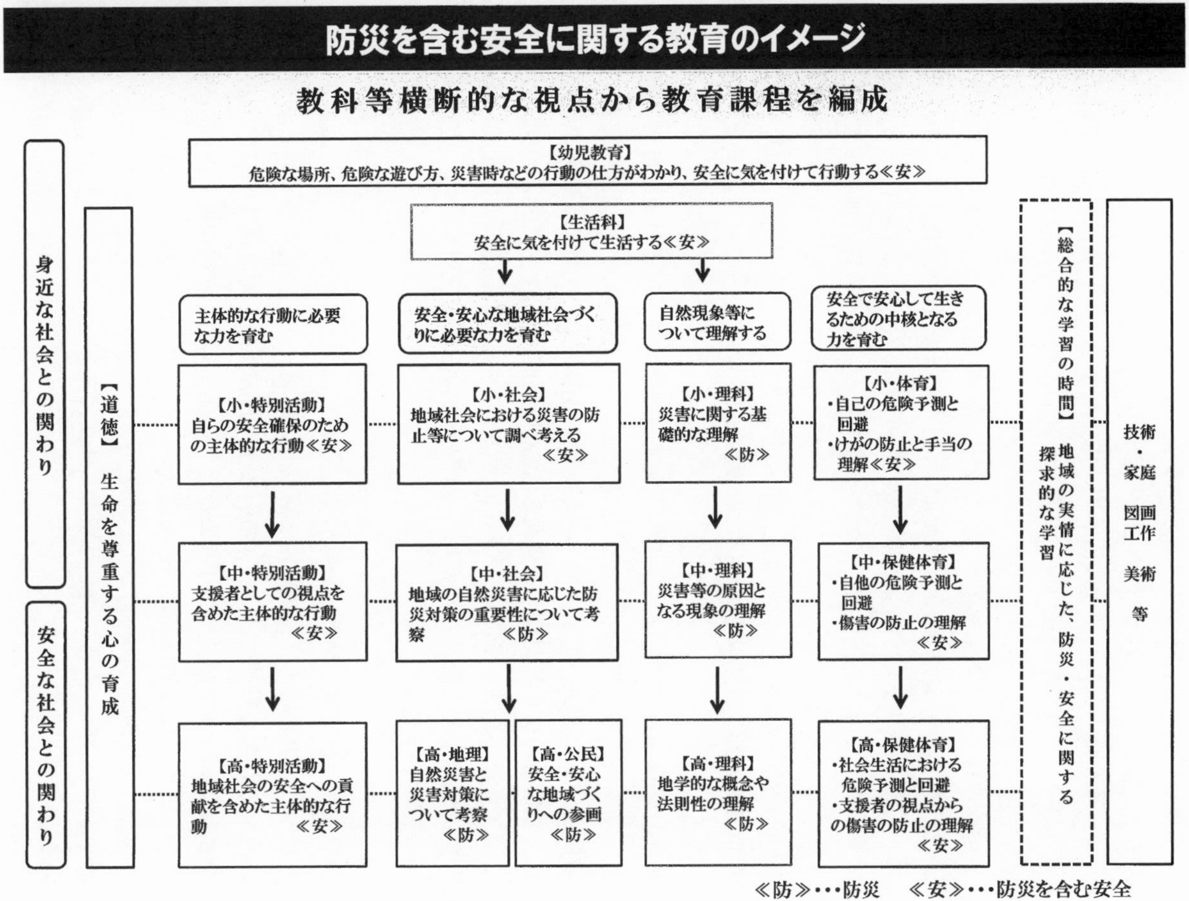

図 1-4　安全教育における教科等の関連を示したイメージ図(出典：中央教育審議会(2016)．幼稚園，小学校，中学校，高等学校及び特別支援学校の学習指導要領等の改善及び必要な方策等について(答申) 別紙 4，p.22)

第４学年で「人々の健康や生活環境を支える事業」「自然災害から人々を守る活動」，第５学年で「我が国の国土の自然環境と国民生活との関連」，第６学年で「国や地方公共団体の政治」等について学習する。これらは主として防災について，地域の関係機関の役割など公助に関する内容である。

小学校理科では，第４学年の「雨水の行方と地面の様子」「天気の様子」，第５学年の「流れる水の働きと土地の変化」「天気の変化」，第６学年の「土地のつくりと変化」等で，防災に関連する内容が扱われる。特に5, 6年生の内容については「自然災害との関連を図りながら学習内容の理解を深めたりすること」が示されている。たとえば，第６学年の「土地のつくりと変化」では「土地は，火山の噴火や地震によって変化すること」が取り上げられ，内容の取扱いで「自然災害についても触れること」となっている。

中学校保健体育では，第２学年の「傷害の防止」で「交通事故や自然災害などによる傷害の発生要因」「交通事故などによる傷害の防止」「自然災害による傷害防止」「応急手当の意義と実際」を学ぶ。このなかで「交通事故などによる傷害の防止」では「通学路を含む地域社会で発生する犯罪が原因となる傷害とその防止」を取り上げることに配慮する。「応急手当の意義と実際」では止血法や心肺蘇生法が取り上げられ，AEDの使用も含めて心肺蘇生法の実習を行う。

中学校社会科では，地理的分野の「日本の地形や気候の特色，海洋に囲まれた日本の国土の特色，自然災害と防災への取組などを基に，日本の自然環境に関する特色を理解すること」が，公民的分野で，「防災情報の発信・活用などの具体的事例を取り上げること」で安全に関する内容が取り上げられている。また，地理的分野の内容の取扱いにおいて「特別活動における地域と連携した防災訓練と関連付けて，生徒が実際に避難する経路や，経路上の地形や危険な箇所，避難に適した場所を地図に表したりすること」が示されている。

中学校理科では，第２分野において全学年で自然災害に関する内容を扱い，「大地の成り立ちと変化」で「火山と地震」「自然の恵みと火山災害・地震災害」を，「気象とその変化」で「自然の恵みと気象災害」を学ぶ。特に「火山と地震」では「地震の体験や記録を基に，その揺れの大きさや伝わり方の規則性に気付くとともに，地震の原因を地球内部の働きと関連付けて理解し，地震に伴う土地の変化の様子を理解すること」と示されている。

なお，技術・家庭科においても安全にかかわる内容が取り上げられており，上記以外の理科における実験や図工・美術における用具の使用においても安全に関する指導は不可欠である。

1-5-3　特別活動における安全教育

特別活動では，学級活動と学校行事に安全教育が位置づいている。小学校では，「学級活動」の「心身共に健康で安全な生活態度の形成」で，「現在及び生涯にわたって心身の健康を保持増進することや，事件や事故，災害等から身を守り安全に行動すること」が取り上げられている。また，「安全に関する指導としては，防犯を含めた身の回りの安全，交通安全，防災など，自分や他の生命を尊重し，危険を予測し，事前に備えるなど日常生活を安全に保つために必要な事柄を理解する内容が挙げられる。」と示されている。

「学校行事」の「健康安全・体育的行事」では「事件や事故，災害等から身を守る安全な行動や規律ある集団行動の体得」が取り上げられ，具体的には「避難訓練や交通安全，防犯等の安全に関する行事」があがっている。学校行事の安全教育では特に避難訓練が重要といえるが，避難訓練は火災を想定した消防法に基づく避難訓練の他，地震・津波等を想定した避難訓練（防災訓練），学校への不審者侵入を想定した訓練などがあげられる。

『学校安全資料「生きる力」をはぐくむ学校での安全教育』（文部科学省 2019）では，避難訓練の計画作成や実施で配慮すべき点として表 1-3 の事項があげられている。

多くの学校で行っている避難訓練は，児童生徒が教室にいる時間帯に地震が発生するという前提で，揺れの直後に机の下に身を隠し，揺れがおさまった後に校舎外に避難するというものであろう。しかし，教室に児童生徒がそろっているときに限定して，地震が発生するわけではない。東日本大震災以降は，避難訓練もさまざまな工夫が行われるようになり，予告なしの訓練や緊急地震速報を用いた訓練，宿泊行事にあわせた訓練などが実施されるようになった。

表 1-3　避難訓練の配慮事項

(ア)　訓練の内容は，火災，地震，津波，火山活動，風水(雪)害及び原子力災害等を想定して設定することになるが，この場合は，学校の立地条件，校舎の構造などについて十分考慮するとともに，火災を想定した訓練のみに偏らないようにする。
(イ)　実施の時期や回数は，児童生徒等の実態，地域の実情に基づいて年間を通して季節や安全管理との関連などを考慮して適切に設定する。
(ウ)　訓練は，授業中だけを想定せず，休み時間や登下校時等，児童生徒等が分散している場合や，放送設備が使用できない場合なども想定するとともに，遠足(旅行)や集団宿泊訓練等の際の宿舎や乗り物の事故発生時の避難の仕方についても配慮する。また，災害の発生時間や場所に変化をもたせ，児童生徒等が安全な行動を考え，判断し，行動できるようにする。
(エ)　訓練が，形式的，表面的にならないように，特に次のような配慮が必要である。
- 避難訓練を，児童生徒等が安全教育で身に付けた力を発揮し行動する場として位置付け，訓練を通して児童生徒等が自らの行動を振り返り課題を見付け改善を図る，課題解決の学習の流れとなるよう，意図的計画的に実施する。
- 例えば，火災を想定した場合は，発煙筒の使用など実感を伴う方法を工夫するとともに，煙に対する避難の仕方についても身に付くようにする。
- 避難に際しては，安全管理上，人員の掌握が重要になる。その方法の訓練が教職員にとって不可欠であることを児童生徒等に確実に理解させ，行動できるようにする。

(オ)　避難に際して，安全かつ敏速に能率的な集団行動ができるようにするため，平素から朝会や遠足，移動教室，修学旅行，集団宿泊訓練，体育祭等の学校行事における集団行動を重視して指導する。

(出典：文部科学省(2019). 学校安全資料「生きる力」をはぐくむ学校での安全教育，p.44)

特別活動では他にも，児童(生徒)会活動も安全教育の場として活用可能である。児童生徒の自発的な活動によって，学校生活における身近な安全課題から学校を含む地域の諸問題までテーマを広げることによって，ボランティア活動や地域住民との交流につなげていくこともできるであろう。

1-5-4　総合的な学習の時間における安全教育

総合的な学習の時間においては，計画的かつ探究的な安全教育を実施することが可能である。「学校安全資料　『生きる力』をはぐくむ学校での安全教育」(文部科学省 2019)では，小学校においては「例えば，『地域の交通安全』をテーマとした探究的な学習の一環として『交通安全マップ』を作成し，学習したことを他学年や地域に伝えるなどといった取組を行うことが考えられる。」とあるように，効果的な安全教育が期待できる。ただし校外で活動する場合は，事故防止のため，児童生徒への安全配慮が必要となる。

1-5-5　日常の学校生活における安全に関する指導

安全教育は, 1 単位時間での実施にこだわらずに,「朝の会」や「帰りの会」等を利用した日常の学校生活における安全に関する指導として実施することにより，身近な話題を必要に応じて取り上げることが可能である。小学校では休憩時間において児童の負傷事故が数多く発生し，中学校においては部活動(特に運動部)での負傷事故が全体の半数以上を占めている。これらの指導はそれぞれの場面における個別指導はもちろん，日常的に全体へはたらきかけることも必要である。

1-6　安全教育における指導の考え方

かつて学校における安全教育では，約束やルールを遵守することが主な指導内容として位置づいていた。しかし，近年では，自ら危険予測・回避する学習や主体的に行動する態度の育成が重視されている。

文部科学省による「東日本大震災を受けた防災教育・防災管理等に関する有識者会議」(2011 年，以下「有識者会議」)の中間とりまとめにおいて，防災教育のあり方について次のように示されている。

「災害発生時に，自ら危険を予測し，回避するためには，自然災害に関する知識を身に付けるとともに, 習得した知識に基づいて的確に判断し，迅速な行動を取ることが必要である。」

「想定を超えた自然災害から児童生徒等が主体性を持って自らの命を守り抜く，そのために行動するという『主体的に行動する態度』を身に付けることが極めて重要である。」

ここでの「迅速な行動」とは災害発生時の避難行動を想定している。これらの関係を図示したものが図 1-5 である。

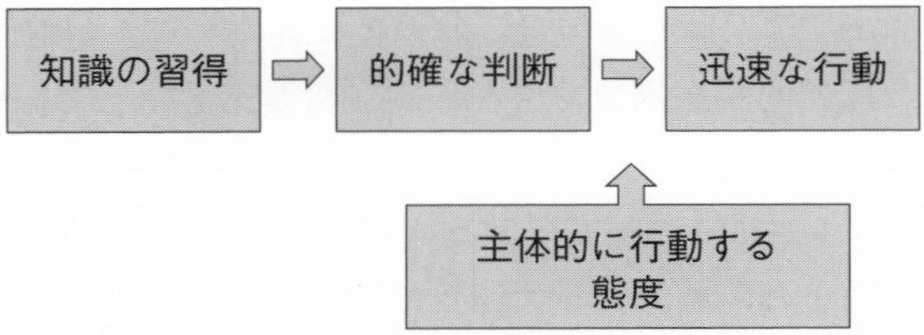

図 1-5　「主体的に行動する態度」の位置づけ（出典：渡邉正樹「今，はじめよう！新しい防災教育」光文書院，2013 より引用）

単に知識を身に付けただけでは行動につながらない。たとえば災害時には，災害を過少評価する「正常性バイアス」や自分の判断よりも周囲の大多数に合わせようとする「同調性バイアス」が，適切かつ迅速な行動を妨げることがよく知られている。したがって，自ら安全な行動をとるための「主体的に行動する態度」の育成が重要となる。

以前より危険予測の学習は交通安全教育を中心として行われていたが，防犯や防災においても同様の学習が重視されるようになった。危険予測・回避の学習では，危険な場面や危険な行為を提示して，発生が想定される事件・事故を予測し，その危険を避ける，もしくは環境を改善するなど危険回避につなげる学習である。たとえば，学校内や通学路の安全マップを作成して，交通事故や犯罪被害等が予想される場所を知るという学習活動である。また，犯罪行為に関する事例やシナリオに基づき，身に迫る危険を予測し，それを回避する学習が考えられる。この場合，ロールプレイングと結びつけることも可能であろう。

「主体的に行動する態度」については，正常性バイアス・同調性バイアスを知り，主体的に避難することは自助のみならず，他の人々を避難に導く率先避難につながることを学ぶ。児童生徒の発達にともない，与えられたルールを遵守するという受け身の学習から危険予測・回避という主体的な学習に重点化を図ることが必要である。

引用文献

中央教育審議会(2016)，幼稚園，小学校，中学校，高等学校及び特別支援学校の学習指導要領等の改善及び必要な方策等について(答申)　別紙4　(p.22)
https://www.mext.go.jp/component/b_menu/shingi/toushin/__icsFiles/afieldfile/2016/12/27/1380902_2.pdf（2019年12月20日確認）

文部科学省(2019)，学校安全資料「生きる力」をはぐくむ学校での安全教育
https://www.mext.go.jp/a_menu/kenko/anzen/1416715.htm 参照。
https://www.mext.go.jp/component/a_menu/education/detail/__icsFiles/afieldfile/2019/05/15/1416681_01.pdf

文部科学省(2018)，学校の危機管理マニュアル作成の手引
https://anzenkyouiku.mext.go.jp/mextshiryou/data/aratanakikijisyou_all.pdf

渡邉正樹(2013)，今，はじめよう！新しい防災教育　(pp.22-23)　光文書院

2章

教育哲学・教育史における安全教育

近代以前の時代における安全教育は，教育思想家たちによって，個人あるいは家庭において大人たちが子どもたちの安全とどのように対峙し，教育をしていくかということを中心に論じられていた。しかし，教育の中心が学校に移行するにともない，安全教育も学校で行われることが前提となって語られるようになる。すると安全教育は，集団における教育の方法を模索しながら，次第に実践されていくようになった。本章では安全教育の変遷を，教育思想ならびに教育制度史の視点からどのような変化や特徴があったのかについて，これまで積み上げられてきた研究に依拠しながら明らかにしていく。

2-1　西洋教育思想における安全教育

ここでは，ルソー(Rousseau, J.J.，1712-78)とペスタロッチ(Pestalozzi, J.H.，1746-1827)の教育観をたどりながら，大人＝教育者 が，18 世紀から 19 世紀にかけての子どもたちが直面していたさまざまな危険からどのように守り，教育していくことをめざしていたのかをみていく。

(1)　家庭や個人レベルでの安全教育―ルソーと安全教育―

「子供の発見者」と称されるルソーは，代表的な著作『エミール』において架空の少年エミールを主人公とした発達教育論を展開した。特に，幼児教育期における教育論は，現代教育における安全教育を考えるうえで示唆に富んだものであることがわかる。西(2016)は，『エミール』を一部引用しながら次のように指摘している(p.45)。

…もし，子どもが不可能なことを望んだときにも，それを大人が抑え込むことはしてはなりません。親や教師が説教や権威で「それは無理だから，我慢しなさい」と抑え込むのではなく，まずは自由にさせてみて，その結果できないことを学ばせる。あくまでも自分の経験によって，不可能な欲望を抑えることを学ばせるのです。

子どもは自由に行動するなかで，たとえば火の着いた炭をつかもうとして火傷をしたり，重すぎる物はどう頑張っても動かすことができないことを知ったりします。事物と対話するうちに，自由な行動のなかでも自然の法則には従わなければならないということが，子どもにもおのずとわかってくるのです。「子どもの無差別な意志にたいしては物理的な障害だけをあたえるがいい。あるいは行動そのものから生じる罰だけをあたえるがいい。そうすれば，子どもは機会のあるごとにそれを思い出す。（中略） 経験，あるいは無力であること，それだけが掟に代わるべきだ」(『エミール』上巻 p.149)とルソーは述べます。ただし，実際に起こってしまうと生命に危険が及ぶようなやむをえない場合には，理由も何もいわず，ただ自然の掟のように黙って制止する必要があります。

ルソーによると，大人の役割は，子どもたちの興味・関心を重視し，それ以上子どもの意のままにしておくと危険が生じる場合のみ手を差し伸べることを認めている。ここで大人たちにとって必要になるのが，このような行為は決して「放任」することでなく「見守る」ことであると意識することである。また，西は，ルソーが「子どもに『いやがることを承知させようとして道理を説いて聞かせ』たり，子どもと議論したりすることは，無効だし愚かなことだ―」(p.46)といっていることを指摘する。この時期の子どもは理性的な判断能力がまだ備わっていないという理由から，納得するよう説明することは難しいという。「教育全体のもっとも重大な，もっとも有益な規則（中略）は時をかせぐことではなく，時を失うことだ」(『エミール』上巻 p.171)という言葉にあるように，子どもの発達のペースにあわせて，急がずゆっくりと見守る教育の必要性を説いている。これは，いわゆる「消極教育」とよばれるもので，「初期の教育はだから純粋に消極的でなければならない」(『エミール』同前)と記しているが，安全についても同じ姿勢で教えるべきとしている。

（2）　まなざしが生み出す安全―ペスタロッチ―

ルソーが裕福な家庭の子どもの教育について論じたのに対し，ペスタロッチは，戦争による荒廃にともないきわめて悲惨な環境のなかでかろうじて生き延びてきた子どもたちの教育に取り組んだ。

> 子供の大部分は入学当時，人間性を極度に侮蔑すれば，その結果多くはきっとそうならずにはおれないような憐れな姿をしていた。入学してきたときはほとんど歩けないように根の張った疥癬をかいているものも多かったし，腫物が潰れた頭をしておる者も多かったし，毒虫のたかった襤褸（ぼろ）を着ている者も多かったし，痩せ細った骸骨のようになり，顔は黄色で，頬はこけ，苦悶に満ちた眼をして，邪推と心配とで皺くちゃになった顔をしている者も多かったし，破廉恥きわまるあつかましさで乞食をしたり，偽善の振舞いをしたり，またどんな詐欺にも慣れているといった者は少しはあった。他の子供は貧困に押し潰されて，忍耐強くはあるが，邪推深くて愛情がなく，また臆病だった。（『シュタンツだより』pp.49－50）

ペスタロッチは，シュタンツなどの教育施設で戦争孤児などの教育を行った。安全や衛生という言葉とは無縁な状態におかれていた子どもたちに対してペスタロッチは，いかにして自分の身を守るための安全や衛生を教えようとしていたのであろうか。

> わたしはほとんどただ一人朝から晩まで彼らのなかにおった。彼らの心身にためになるものはすべてわたしが与えた。窮したときのどんな救済も，どんな救助の申し出も，彼らが受けたどんな教訓も直接わたしが与えた。わたしの手は彼らの手のなかにあったし，わたしの眼は彼らの眼をみつめていた。
>
> （中略）　彼らが達者なときもわたしは彼らの中にいたが，彼らが病気の時もわたしは彼らのそばにいた。私は彼らの真ん中にはいって寝た。夜は私が一番後で床に就き，朝は一番早く起きた。（中略）　終始一貫病気伝染病のひどい危険に晒されながら，わたしは彼らの着物や身体のほとんどどうすることもできない不潔をみてやった。（『シュタンツだより』pp.57－58）

これらの引用文から 大人＝教育者 に必要とされたのは，子どもたちと生活をともにしながら常に子どもたちに対して注意を払うということであった。「いやしくもよい人間教育は，居間における母の眼が毎日毎時，その子の精神状態のあらゆる変化を確実に彼の眼と口と額とに読むことを要求する」というペスタロッチの言葉からは，「まなざし」によって子どもたちを教育する可能性があることが読み取れる。このように家庭や少数の子どもを対象とする場合，まなざしによる教育は有効である。しかし，学校のように一人ひとりにまなざしが届くのが難しい大人数を対象とする教育環境になると，まなざしから言葉や経験による教育に移っていくのも必然であった。

ルソーとペスタロッチの教育思想にみる子どもと適切な距離を保ちながら「見守り」，「まなざし」を送り続ける 大人＝教育者 の姿は，今後の安全教育をすすめるにあたり決して無視できるものではなく，時代を超えて，現代だからこそ彼らの教育観を意識していくことが重要であるといえる。

2-2　近代日本における安全教育

吉田(2001)は，当時の教科書教材や，1890(明治23)年に改正された「小学校令」(勅令第115号)や翌1981年の「小学校設備準則」(文部省令第2号)の内容から，戦前を安全教育前史と位置づけている。

戦前の教育を概観すると，「安全」という言葉は一般的ではなかった。しかし，この段階ですでに現代における安全学習，安全指導，安全管理にあたる教育実践や，教育問題に取り組んでいたことを次項以降でみていく。

(1)　戦前の安全教育

戦前において安全をどのように教育していたのかについて吉田(2001)は，「修身や国語の教科書教材として地震，台風，火災など非常災害発生時の心得や文部省通達による事故防止対策が中心であった」と述べている。そして1911(明治44)年の国定教科書から安全教育に関する題目としてあげているものを表2-1にまとめ

表2-1　1911(明治44)年の国定教科書にみられる安全教育に関連する題目

修　身	
第3学年	「ものごとにあわてるな」
国　語	
第3学年	「雷のおちた話」
第4学年	「火事」
第5学年	「水見舞い」「稲むらの火」
第6学年	「天気予報と暴風警報」

(吉田(2001)，p.3より作成)

た。「安全」という言葉は使用されていなくても，各教科で実際に教えられていた内容は，今日の安全教育に通底するものであったといえる。

また，明治期の安全教育について雑誌『学校衛生』を分析した中馬(2001)の研究によると，1903(明治36)年5月から1905(明治38)年9月までの約3年間において安全教育に関連する記事として表2-2に掲げるものがあったと指摘している。中馬が，《安全教育論》《「衛生」と「安全」の周辺》《生活安全について》《災害安全について》《交通安全について》と項目分けしているように，明治末期の時代において「学校衛生」の名のもとに，現代の安全教育に通じる教育問題などに取り組まれていたことがわかる。

表2-2　雑誌『学校衛生』に掲載された安全教育に関する記事

《安全教育論》
- ・教育上における體育の必要(第2巻2号1904年7月5日)
- ・本誌に対する澤柳普通学務局長の談話(第2巻6号1905年1月5日)

《「衛生」と「安全」の周辺》
- ・東京高等師範学校長嘉納治五郎による「祝辞」(第1巻2号1903年6月20日)
- ・衛生教育と修身教育(第1巻2号1903年6月20日)
- ・不品行と衛生及教育の関係(第1巻6号1903年10月20日)
- ・再び衛生上における慣習の要請に就て(第1巻11号1904年3月20日)

《生活安全について》
- ・中・小学生徒の自殺(第1巻8号1903年12月20日)
- ・遊泳時期と溺死の悲報(第2巻3号1904年9月5日)
- ・学校に於ける戦時の施設に就て(第2巻8号1905年3月20日)

《災害安全について》
- ・洪水後の衛生に就て(豫報と警戒)(第1巻4号1903年8月20日)
- ・校舎倒潰生徒死傷す(第1巻8号　1903年12月20日)

《交通安全について(内外學報「衛生的自転車観」)》
- ・吾人は已に自轉車流行時代に生活す。自轉車の衛生を説く豈に復た徒辞ならんや(第2巻1号1904年6月5日)
- ・走行時のスピードや肺結核との関わり(第2巻2号1904年7月5日)
- ・竹中成憲著『肥満の療法』の中から「自轉車療法」を抜粋紹介(第2巻3号1904年9月5日)

(中馬(2001)，pp.126-128より作成。発刊年月日については原本を確認。)

（2） 学校管理の基本としての学校衛生

戦前の学校管理において，1891（明治24）年に定められた「小学校設備準則」は，学校建築ならびに施設の環境整備についての規準を示したものであった。その成立において三島通良の存在は大きかった。三島は，1893（明治26）年に『学校衛生学』を出版するが，この著書は1891（明治24）年に文部省普通学務局の命を受け，全国の学校衛生について調査したことをまとめたものである。その序文に視察した様子として「其生徒ノ健否ヲ検シ，轉夕感慨ニ堪ヘサルモノ夥多」で「彼ノ校舎ノ設備，校具ノ構造，体育ノ方法等，未ター トシテ其本源タル衛生学ノ原則ニ適合セズ却テ往々背戻セサルモノアラサルナリ」(p.2）という状況であったと報告している。また，このようになった理由として「教育家，徒ニ空想ノ理論ヲ口ニスレトモ，未此ノ危殆ノ情アルヲ悟ル者アラス」(p.3）ためだとしている。さらにその原因を推究し，「維新前後時勢ノ沿革，生活ノ変動等，既ニ一般国民ヲシテ，衰弱ノ風ヲ醸成セシメタルモノアリト雖モ，尚教育方法ノ沿革，学校衛生ノ不備，大ニ馴致シテ然ラシムルモノアリト云フ可シ」(p.4）と，明治維新以降，学校衛生に取り組まなかったことが大きいと指摘している。三島は，『学校衛生学』のなかで「安全」という用語自体を使用していない。しかしその内容は，まさに安全指導ならびに安全管理の重要性を説くものであり，このことからしても明治期にはすでに安全教育の萌芽があったといえよう。

（3） 戦前の学校建築と安全管理

佐藤（1987）は，学制以来の学校建築について，漆喰仕様の日本的な建築方法に西洋的な装飾や設備を備えた擬洋風建築のものをはじめ，さまざまな建築様式のものが各地に作られていったことを指摘している。しかし，義務教育の拡充によって学校に行く子どもたちが増加するにともない，「質朴堅牢」や「管理の利便」を強調した兵舎のような標準建築仕様が採用されるようになった。大正初期になって鉄筋コンクリート造りが導入されたのちも，このような傾向は基本的に継承されることになる。校舎建築が進められていく過程において安全を確保するという面で問題となったのが，「昇降口」とよばれる下駄箱を置く出入口付近の場所と，「廊下」の位置である。これらの問題は，日本古来の慣習や，日本ならではの気候条件と密接にかかわるものであった。

a. 昇降口ならびに下駄箱設置問題　昇降口と通常よばれる校舎の出入口は，登下校の限られた短い時間帯に使用される場所であるが，昇降口を設けることは校舎設計上の難問の一つであった。なぜならば，昇降口は一時に子どもが大勢つめかけそこで下履きと上履きとを履き替えるため，安全なスペースを確保しようとすると，授業時間内にほとんど使用しないにもかかわらずある程度の広さが必要だからである。また，配置によっては子どもの流れが停滞してしまうので，日々の登下校ということだけでなく，非常災害時においては大問題になるのである。日本の学校はさまざまなことを欧米にならって進めてきたが，欧米の学校にはアーケード風の出入口が存在することがあっても，昇降口のようなものはない。ちなみに，現在の小・中・高等学校においては今でも上履きを使用し，昇降口を設けている学校がほとんどであるのに対し，大学以上の高等教育機関においては，昇降口はほとんどみられない。その理由は，明治の初めの高等教育機関にはお雇い外国人とよばれる外国人教師が多く，彼らには靴を脱ぐという慣習がなかったためだといわれている。つまり昇降口は，履物を脱ぐという畳敷きの風習からきたもので，大正・昭和初期までは，劇場やデパートにも下足番がいた。しかし，これらの施設では関東大震災の経験などから人々のスムーズな流出入を考えて下足番が廃止されていったのに対し，学校だけが今でも旧来の慣行を守り続けることになってしまったのである。

b. 南北廊下問題　明治期において存在したもう一つの学校施設に関する安全管理をめぐる問題として南北廊下問題がある。1899（明治32）年頃までの尋常小学校は，規模が小さく一学級・一教室の単級学校が多く，廊下のある学校は少なかった。20世紀に入ると学校規模が大きくなり，教室や教員室をつなぐものとして洋風建築を模した学校などでは廊下を設けるようになり，その多くは建物の内部に「十」字型に廊下を配置した中廊下式を採用していた。しかし，多級学校が一般化すると，中廊下式では高温多湿時に教室内の通風を妨げてしまうことや，中廊下は面積をとるため校舎全体の平面積が大きくなり，木材に頼っていた和風小屋組みでは強度上の問題があること，などの理由から教室の片側に一直線に廊下を配置する片廊下方式が一般化されるようになった。

ところが，次に子どもの安全管理上問題となったのが，片廊下を教室のどちら側に配置するかということである。校舎の配置は，夏をはさんだ時期の風向きを考慮して東西方向に細長く建てられることが多かったため，教室の南・北いずれに廊下を設置するのが好ましいか，ということが議論された。日本は南北に長い国なので，東北地方以北や甲信越地方では，冬の日差しによる暖房効果を第一に考え，また夏の通風も考慮して，教室を直接に南面させる北廊下説をとることが多かった。これに対して西南地方では，初夏の豪雨や初秋の台風の影響や，当時，窓ガラスはまだ高価で戸障子が一般だったことから，強い日ざしが教室に入ってくるのは子どもの視力保護上問題だとして南廊下説をとった。このように，南北それぞれに理由があったため，校舎の半分は南廊下，半分は北廊下にして実験的に建てた学校もあった。そこで文部省は生理学者で学校衛生主事の三島通良に命じて，この「南北論争」に決着をつけさせることとした。三島は実際に四国に赴き，南廊下における衛生上の利害や高知の気温などを調査し，その結果，1901(明治34)年，西南地方にあっても教室南面・北廊下方式が「衛生上」に好ましいと論断した。これ以後，今日にいたるまで北廊下(校舎が南北方向の場合は西廊下)が学校建築の原則とされている。

(4) 教育勅語以後の教育と安全管理

日本における戦前の教育を天皇制教育と称することもあるが，この時代において学校における安全管理の対象となったのは子ども，学校建物や日常生活などだけではなく，現代では考えられないようなものもあった。

現代の小・中学校では，授業時間以外つまり深夜や休日の学校管理はガードマンや防犯装置による委託警備が一般化していて，日直はともかく，宿泊を教職員が行うことは皆無である。ところが1950年代までは教員の宿日直制は常識となっていた。その背景には，御真影と勅語謄本の下付(かふ)にともなう保管警備の必要があったことはあまり知られていない。

御真影，または複写御真影の下付にあたっては各学校において「奉衛規則」が整備され，非常の際の警護・「奉還」手順などとともにそれに直接あたる教員の宿日直制が必ず規定された。宿日直の業務として校外からの連絡受理，重要文書の保管なども含まれてはいたが，その本旨は御真影・勅語謄本の警備であった。

文部省は勅語謄本が下付された直後の1891(明治24)年に，御真影と勅語謄本について「校内一定ノ場所ヲ撰ヒ最モ尊重ニ奉置セシムヘシ」と訓令した。「校内一定ノ場所」は当初「校舎内」と解されたため，職員室・校長室の一角や，一階では恐れ多いという理由から二階に奉安室を設ける学校が多かった。しかし，木造校舎では火災にあう危険性があるため，「校内」を「校地内」と解釈し直し，火災発生の危険性がある校舎や，近隣の民家から離れた校地内に独立の倉庫＝奉安殿を建てて奉置するということになっていく。明治末期には石造りあるいは土蔵造りで建設する奉安殿もみられたが，昭和初期(1920年代末から30年代にかけて)になると鉄筋コンクリート工法が一般的になり，各地で建設が進められた。奉安殿が造られたことにより，宿日直の重点は御真影・勅語謄本の警護から，重要文書の保管へと実質的に移っていった。しかし，ときには，学校火災による御真影や勅語謄本の焼失の責任から殉死した教員の話など，さまざまな美談もつくられていった。このようなことからも，当時の教員にとって学校の安全管理が重責となっていたことがうかがえる。

図2-1　ギリシャ神殿のような屋根が特徴的な奉安殿(奈良女子大学ホームページより転載)

(5)　紫色鉛筆の使用禁止にみる学用品と安全

戦前の安全教育，ならびに安全管理についてみてきたが，「安全」という言葉の使用はあまり見受けられない。しかし，戦前は現代以上に大人たちがそれぞれの立場から子どもの安全維持のために試行錯誤していたことがうかがえる。このような安全性を保持するための行動は，学校設備のような大きなものだけではなく，子どもが日常において手にする学用品にまで及んでいた。

石附(1992)によれば，学制発布以来，西洋の教授法とともに日本に導入された石盤が，重い，割れやすい，高価などの欠点とともに，明治20年代後半になると衛生面の問題も指摘されるようになった。たとえば，石盤は古くなると海綿や布だけでは消しにくくなるので，生徒は生活の知恵として唾を付けて消すようになる。特に外国では生徒が交換して使用したため肺病になったことや，日本でも石筆の白い粉が目に入って眼病になる生徒が多かったことなど，石盤の弊害について当時，議論がされた。その結果，明治30年代に入ると石盤使用が廃止され，練習帳と鉛筆を用いるようになっていくのであった。

図 2-2　石盤と石筆（京都市学校歴史博物館より資料提供）

また，『学校保健百年史』によると，京都ではドイツ製の紫色鉛筆について1903（明治36）年に検査を行い，着色料の混和の状態による有害性を指摘し，1904（明治37）年には「破片又ハ溶液ノ眼中ニイルトキハ激烈ナル毒作用ヲ呈シ竟ニ不治ノ眼病ニ陥ル事アル仍テ幼稚園及小学校等ノ児童ニハ之カ使用ヲ禁止シ…」と「紫色鉛筆使用禁止及注意ノ件」という厳しい訓令をだしている。大阪，滋賀等でも同じように禁止している。

このことから，明治以降西洋の教育方法が広まるとともに出回っていった学用品に対しても，比較的早い時期から子どもの健康の観点から安全を守るための行動がとられていたことがうかがえる。

2-3　戦後の安全教育

戦後すぐの日本の学校ならびに社会の状況は，直ちに安全とよべるようなものではなかった。そのようななか，日本国憲法において「われらの安全と生存とを保持しようと決意した」(前文)と明文化されたことは大きな意味をもった。この日本国憲法に基づき教育基本法とともに制定された学校教育法において,「健康，安全で幸福な生活のために必要な習慣を養い，心身の調和的発達を図る」ことが学校教育の目標として位置づけられ，教育関係法令において初めて「安全」が登場したとされている。これ以後，学校を中心とした安全に関する教育活動に主体的に取り組むことになった。

その後，1956(昭和31)年に教育委員会法に代わって制定された「地方教育行政の組織及び運営に関する法律」の第23条の9では,「校長，教員その他の教育関係職員並びに生徒，児童及び幼児の保健，安全，厚生及び福利に関すること」が規定され，指導，助言する事項として,「学校における保健及び安全並びに学校給食に関し,指導及び助言を与えること」が例示された。さらに，1959(昭和34)年12月に制定・公布され，1960(昭和35)年3月1日から施行された「日本学校安全会法」の第1条には,「日本学校安全会は，学校安全の普及充実を図るとともに，義務教育諸学校等の管理下における児童，生徒等の負傷，疾病，廃疾又は死亡に関して必要な給付を行い，もつて学校教育の円滑な実施に資することを目的とする」と規定している。また，第18条に日本学校安全会の業務として「学校安全(学校における安全教育及び安全管理をいう)の普及充実に関すること」と，括弧書きではあるが学校安全の内容について記述されたことから，法令上安全教育の定義づけがされたと評価されている。さらに，この日本学校安全会の監督ならびに役員の任命は文部大臣が行うことも規定されていることから，戦後の安全教育が行政主導で進められたことがうかがえる。

このように戦後比較的早い段階から安全教育が展開された背景には，米国教育使節団の勧告があったとされている。吉田(2001)は，この勧告により安全教育が保健体育科「保健」(保健学習)の内容として体系的に扱われ，教科における安全教育(安全学習)が行われたと指摘している。

また，イギリスでは1916年に，交通事故の増加と，戦争によって制限された街路照明との直接的な関係についての議論から取り組みはじめた「王立事故(災害)防止協会 The Royal Society for the Prevention of Accidents (RoSPA)」を中心として，職場，家庭，学校など日常生活全般における安全について組織的な推進体制が固められた。これらの世界的な安全教育の広まりは，日本にも影響を与えていたと考えられる。

(1) 戦後の安全教育の実際

戦後の教育は，教育課程の基準として定められた学習指導要領に従った教育実践が行われた。学習指導要領の数次にわたる改訂において，安全確保とともに子どもに対する「安全を教育する」活動も取り入れられていった。この安全教育については，吉田(2001)によると，大別して“安全学習”と“安全指導”の2種類が存在していたとしている。安全学習は安全についての知識や技能の習得をめざすもので，前述したとおり米国教育使節団の勧告などもあり，小・中・高等学校を通じて体育科，保健体育科保健(保健学習)を中心に，理科などの関連教科で体系的に行うものとされた。

一方の安全指導は，知識や技能の習得にとどまらず，生徒が日常生活のなかに存在するいろいろな危険に気づいて，的確な判断のもとにそれに適切に対処することや，万が一事故が起こった際にも適切な行動がとれるようなきわめて実践的な態度や能力の育成をめざして，計画的，継続的に行われるものとされた。そして，特別活動を主とした安全教育(安全指導)は，1968(昭和43)年から1970(昭和45)年にわたって行われた学習指導要領の改訂により，安全な行動の実践力を育てる観点から「学級指導」「ホームルーム」および「学校行事」の内容として位置づけられ，指導は学級担任をはじめとするすべての教職員によって組織的計画的に行われるようになった。

さらに，文部省においては「小学校安全指導の手びき」(昭和47年3月)，「中学校安全指導の手引」(昭和50年8月)を作成し，安全指導の目標，内容，指導計画，指導の進め方等について指針を示した。

吉田(1970)はこのようなカリキュラムのもと，実際に小学校において安全教育がどのように実施されたのかを1961(昭和36)年6月に調査し，その結果が表2-3である。この調査結果から，1959(昭和34)年の「日本学校安全会法」の適用範囲に通学に利用する通路(通学路)も含まれたことを受け，その2年後には小学校において，交通安全が取り上げられていることがうかがえる。戦後の道路事情の改善，ならびに車社会の到来により交通安全指導に関する内容や，災害を想定しての指導などが多くの学校で実施されていたことがわかる。

表 2-3 安全教育のために行った行事

事項＼学校	小				中			
	実施校数	実施%	考究中	不要	実施校数	実施%	考究中	不要
歩行訓練をしている	109	59.8	7	1	55	41.0	3	1
自転車訓練 〃	20	10.9	10	19	39	29.1	10	5
右側通行訓練 〃	149	81.8	1	1	81	60.4	5	1
校内シグナルで横断訓練 〃	20	10.9	6	15	1	0.7	2	18
消防訓練 〃	37	20.3	8	15	53	39.5	9	3
避難訓練 〃	164	90.1	4	0	109	81.3	7	2
通報訓練 〃	23	12.6	7	5	22	16.4	1	2
救急訓練 〃	36	19.7	16	4	47	35.0	3	1
安全週間を設けている	79	43.4	11	1	52	38.8	5	3
水泳訓練をしている	135	74.1	3	0	86	64.1	6	0
登山訓練 〃	11	6.0	3	26	23	17.1	2	10
登下校交通訓練 〃	137	75.2	1	0	69	51.4	4	2

(吉田(1970), p.81 より一部抜粋して作成)

また，実際の授業において安全教育としてどのような教育活動が行われていたのか調査した結果をまとめたものが表 2-4 になる。

表 2-4 安全視聴覚教育の実施状況

活動内容＼学校	小		中	
	実施校数	%	実施校数	%
映画利用	71	39.0	28	20.8
幻灯利用	85	46.9	19	14.1
ポスター，標語作成	140	76.9	87	64.9
模型工作	7	3.8	0	0
交通巡査，消防士などとの講話会，懇談会の開催	136	74.7	91	67.9
事故の週計，月計，図表などの作成	106	58.2	75	55.9
新聞の切り抜き	29	19.9	11	8.2
交通状況の観察	92	50.5	42	31.3
完全工場見学	14	7.6	13	9.7

(吉田(1970), p.80 より一部抜粋して作成。実施校数小学校 182 校，中学校 134 校。複数項目記入可。)

安全教育は，教科書や手引きなどによる活動だけではなく，実際にいろいろ経験することや，視聴覚教材による教育を実践していたことがわかる。特に交通安全については，警察や消防の協力によるところが大きかった。

（2）　戦後の安全管理

戦災による破壊，焼失など戦後の学校環境は，「青空教室」のもとで授業が行われたところもあったように，子どもたちにとって十分とはいえない状況であった。文部省は，1951(昭和26)年の「小学校保健計画実施要領」(試案)で「校地は児童の健康安全・便利等を第一に考慮して選定されるべきものである」とし，校長に「児童及び職員に対して，安全で健康な学校環境を提供することは校長の責務である」と指示した。

戦後の安全学習や安全指導については，法令の整備や実際の教育実践が行われていったことが高く評価され研究もいくつか散見されるのに対し，安全管理についての研究は多くない。この理由として，戦後の安全管理については，各学校の状況により校長ならびに体育科教員によって保健指導の一環として進められていったことが考えられる。今後は，戦前からの安全管理についての動向をふまえ，戦後の安全管理についての研究が求められる。

参 考 文 献

王立事故(災害)防止協会(RoSPA)のホームページ
https://www.rospa.com/About/History (2020年5月27日確認)
齋藤歆能(2001)，安全教育の展望　安全教育学研究 創刊号　61-63.
佐藤秀夫(1987)，学校ことはじめ事典　小学館
石附 実(編)(1992)，近代日本の学校文化誌　思文閣出版
田口喜久恵(2014)，ペスタロッチの〈まなざし〉から照射する幼児教育の原点：養育的タクトから教育的タクトへ　常葉大学保育学部紀要 1　27-38.
中馬充子(2001)，『学校衛生』(明治36年5月～同38年9月)とその安全教育論について　安全教育学研究 創刊号　121-133.
西 研(2016)，ルソー エミール(NHK「100分 de 名著」)　NHK出版
日本学校保健会編(1973)，学校保健百年史　第一法規出版
ペスタロッチ／長田 新(訳)(1993)，隠者の夕暮・シュタンツだより　岩波書店
三島通良(1893)，学校衛生学　博文館
吉田 清(1970)，新訂 安全教育　不昧堂
吉田瑩一郎(2001)，我が国の安全教育の歴史と展望─制度的視点から─安全教育学研究 創刊号　3-17.
ルソー／今野一雄(訳)(1962)，エミール(上)　岩波書店

3章

教育社会学からみた学校安全

本章では，学校内における「安全教育」に限定せず，「安全教育」を包摂する「学校安全」の枠組みで考察してみたい。学齢期の児童・生徒が，安全はもとより安心して成長できるようにするためには，教員や教員を志す学生にどのような見識や知識が求められるのであろうか。そのような問題意識に立ったうえで，本章では貧困・教育格差・虐待などの“社会的養護”に関する素養が，今日の教員や教員をめざす学生にも必要と考える。特に，今日社会問題化している虐待の問題に照準をあわせ，被虐待の疑いがある児童・生徒をいち早く察知し，今日盛んに謳われている「チーム学校」[*)]体制下で，教員が支援・連携できる要件を考えたい。また，教職課程の履修学生が，虐待の予兆に関して敏感でいられる素養を，学生時代のうちにどう涵養していけばよいのかについても考察したい。

3-1　はじめに

第1章 図1-1で整理されるように，教員が学校内で児童・生徒に対して行う教育的営為は「安全教育」の範疇に属するが，本章では広く「学校安全」を射程に入れる。というのは，教育社会学の観点から議論しようとするとき，子どもをめぐる社会の状況を睨みながら議論することが必要だと思われるからである。

学校教員は，総合学習や各教科の授業，特別活動，日常の学校生活での指

*）　2015年12月，中央教育審議会答申「チームとしての学校の在り方と今後の改善方策について」が公表され，これ以降，教員の業務負担軽減にむけて，各学校の支援スタッフの配置を拡充する政策が進められている。

導を担い，日常的にそうした場面で児童・生徒*)と接している。その際の前提条件として，児童・生徒が安全にかつ安心して成長できていることが担保されなければならない。ところが昨今，2018年3月3日の東京都目黒区の船戸結愛ちゃん虐待死事案(以下事案1と略記)や2019年1月24日の千葉県野田市の栗原心愛さん虐待死事案(以下事案2と略記)などの相次ぐ児童虐待死事件が起こり，児童虐待問題が社会問題化した。この流れのなかで，児童虐待防止対策に関する関係閣僚会議は2019年3月19日，「児童虐待防止対策の抜本的強化について」を公表し，法改正にまで議論が進んだのは周知のとおりである**)。

本章での問題意識は，学齢期の児童・生徒が，安全はもとより安心して成長できるようにするためには，教員や教員をめざす学生にどのような見識や知識が求められるか，という点にある。仮に，安全担保のない被虐待リスクが疑われる子どもが自身の担任する学級にいたとき，当該学校教員がその予兆をいち早く察知し，同僚と連携し「チーム学校」として協働していけるようになる要件とは，どのようなものになるのか。あるいはまた，教職課程を履修し教員をめざす学生たちが，予期的社会化***)の一環として学生時代のうちに学んでおけることがあるとすれば，それは何になるのか。そこで本章では，教員と教員志望学生に求められる社会的養護の素養について考えてみようというわけである。

3-2 社会的養護に関する素養として想起されるもの

社会的養護は，厚生労働省によって次のように定義されている。

「保護者のない児童や，保護者に監護させることが適当でない児童を，公的責任で社会的に養育し，保護するとともに，養育に大きな困難を抱える家庭への支援を行うこと」****)

*) 児童・生徒という場合には小中高生を主に想定し，子どもという場合には就学前はもとより18歳未満のすべての子どもを想定している。

**) 3-3節においても，関連する議論として後述する。

***) 個人が将来，自ら獲得するか，ないしは付与される地位や役割を見越して行われる社会化。

****) 厚生労働省Webサイトの「[子ども・子育て] 社会的養護」を参照。https://www.mhlw.go.jp/stf/seisakunitsuite/bunya/kodomo/kodomo_kosodate/syakaiteki_yougo/index.html (2020年2月2日確認)

狭義には，こうした環境下におかれた子どもたちは，児童養護施設などで国が与える特別の保護および援助を受ける権利を有するわけであり，一般の家庭の子どもたちが享受している日常なにげなく繰り広げられる家庭生活と相同な環境が与えられる必要がある，ということである。相澤(2015)は，日常なにげなく繰り広げられる家庭生活を「あたり前の生活」と表現し，次のように説明する。

> 「こころ温まる食事の提供，心身をゆっくりと癒したり休息したりできる場の提供などはもとより，問題や悩みごとがあれば相談し解決を図ったり，病気になれば看病してもらえたり，あるいはメンバーで娯楽を楽しんだりするような心身の安定や健康を図ることのできる営みである」（同書，p.4）

学齢期に入った児童・生徒の通う学校教育の場では，学校安全の枠組みのなかで社会的養護が取り沙汰されることは少なかったものと考えられる。実際，社会的養護の学修は，保育士(や幼稚園教諭)の養成には必須とされるが，小学校以上の教員免許の教職課程においては必修とはされていない。なるほど確かに，事案1では被害者の年齢が5歳で学齢期以前だったということで，学校ではなく児童相談所などの連携のまずさがもっぱら批判の槍玉にあげられた。だが事案2においては，被害者が小学4年生の10歳であったことから，児童相談所はもとより教育委員会や学校が，その対応のまずさもあいまって，厳しく糾弾されるに至ったのは周知のところである。

このような状況を鑑みると，社会的養護の枠をリジッドに規定するのではなく，社会的養護の素養として，その概念枠組を広げ，学校教員はもとより教員志望学生にも学んでもらいたいと考える。その理由としては，親による児童の虐待死という最悪事案が学齢期およびそれ以前の成長段階にある子どもたちの身に発生してしまっている，ということはいうまでもない。だがそれにも加えて，社会的養護の対象になる子どもたちを苛んできた貧困問題，教育格差問題，被虐待体験などが，養護施設に入所していない学齢期の児童・生徒にも，現今の日本社会では一定程度認められるのではないかと，筆者は懸念しているからである。

3-2-1　貧困問題

社会的養護の対象となりうる児童・生徒の多くが遭遇し，過酷な状況におかれる元凶として，まず想起されるのは，貧困問題である。日本の社会的養護の歴史的変遷は吉田(2018 & 2014)などに詳しいが，ここでは特に第二次世界大戦後以降に絞って簡略に紹介する。まず1947(昭和22)年の児童福祉法の制定が，社会的養護体系化の起点とも解される。というのは，同法制定とともに，児童育成の責任は保護者のみならず国および地方公共団体が担うという公的責任の考え方が，明確化されたものと考えられるからである。

この児童福祉法制定とほぼ同時期，1948(昭和23)年に児童福祉施設最低基準が公布され，1951(昭和26)年には児童憲章が制定された。また同年には，当時の世界に影響を与えた精神科医ボウルヴィ(Bowlby, J.M.)によるWHO報告『乳幼児の精神衛生』が著され(上鹿渡2012)，この余波もあいまって，日本でも「ホスピタリズム論争」が展開されるに至る。当時ホスピタリズムは，社会事業研究所によって「児童収容施設に収容されている児童が，一般の正常な家庭で育成されている児童と比較して，その発育の状態は，身体的にも精神的にも基本的に何らかの差異を示すこと」と定義された。この論争には，「家庭か施設かという選択を迫る問題提起が内在し，インスティチュショナリズム等の用語が施設否定を含んでいたことが，当時の養護関係者に衝撃に似た戸惑いや反発を与えた」(野澤，p.37)とされる。

1960年代に入ると，日本も高度経済成長の恩恵に浴したが，同時に都市化・核家族化・地域社会の変容といった社会構造の変容が起こり，家族機能の脆弱化や女性就労増による保育所不足が社会問題化した。そして1963(昭和38)年には『児童福祉白書』が公表され，子どもの危機的状況が指摘された。

高度経済成長期以降，バブル経済がはじけ低成長期に入った1997(平成9)年には，児童福祉法が改正されるとともに要保護児童施策において児童の自立支援が強調されるようになった。この後，2000(平成12)年には「児童虐待の防止等に関する法律」が制定され，2002(平成14)年には里親制度改革が実施されるに至る。この時期には，貧困の問題もさることながら，虐待に対する行政による緊急介入の強化や，虐待親に対する行政指導の義務化などが実行された。里親制度改革も，繰り返し虐待を受ける子どもが増加し，親からの分離保護の必要性が高まったことを受けての措置と考えられる。

近年の動向としては，2008(平成20)年に児童福祉法が改正され，小規模住居型児童養育事業(ファミリーホーム)の規定がつくられた。同年はまた，「子どもの貧困元年」などと日本の社会政策学者から称される年となり，その含意は，同年に初めて日本で子どもの貧困がマスメディアや政策論議の俎上にのせられたという意味あいをもつ（阿部 2014，p.1)。もっとも阿部によれば，1985年段階でさえ，10人に1人の子どもは相対的貧困状況にあり，「『子どもの貧困』は決して，リーマンショック以降の『新しい』社会問題ではない」(同書，p.7)との見方が成り立つという。さらに1985年から2009年にかけて貧困率は右肩上がりに上昇していること，加えて子どもの貧困率の上昇ペースが社会全体の貧困率の上昇ペースに比して速いことが，指摘されている。

こうした流れのなか，2013年制定の「子どもの貧困対策の推進に関する法律」によって，子どもの貧困対策と教育支援は，政策領域としてようやく本格始動した。末富(2017)は，子どもの貧困対策を「とても若い政策領域」(同書，p.5)だとし，「子どもの貧困対策の最前線を切り拓いている研究者と実践者，そして何よりも当事者たちが，何を課題ととらえ，どのようなアプローチが重要かということをバラバラにではなく同時に発信することが重要だ」(同書)と指摘した。また末富(同書，pp.23-24)は，子どもの貧困対策には教育支援とともに生活基盤の保障も大切と考え，図3-1のように教育支援を類型化している。縦軸は，すべての子ども対象の普遍主義的サービスと，特定条件にあてはまる子ども対象という選別主義的アプローチを意味する軸となり，また横軸は，子どもの過ごす場所という分類の軸となる。学校安全という本章の枠組みから考えると，ともすると学校内の第1･第4象限にとらわれがちとなるが，そればかりではあるまい。むしろ貧困の子どもたちには，学校内の教育支援は当然のこととして，学校外の生活基盤保障を含む教育支援が不可欠であることは，図3-1からも明白であろう。

さらに付言すれば，就学前の乳幼児期にあたる子どもたちの貧困に対しては，ソーシャルワークがやはり重要となってくる。図3-1に示されるように，学校にスクールソーシャルワーカー必置が謳われるのであれば，当然保育所などにも保育ソーシャルワーカーが必置されるべきであり，中村(2017，p.55)は，強くそのことを主張している。同様の議論は阿部(前掲書，p.165)にもみられ，「保育所を貧困の最初の砦とするのであれば，家庭の問題に踏み込んで解決できるスタッフの数と専門性が必要であろう。学校にスクールソーシャルワーカーが必要であり，病院に医療ソーシャルワーカーが配置されるべきであるように，保育の現場にもソーシャルワーカーの役割を果たす人材

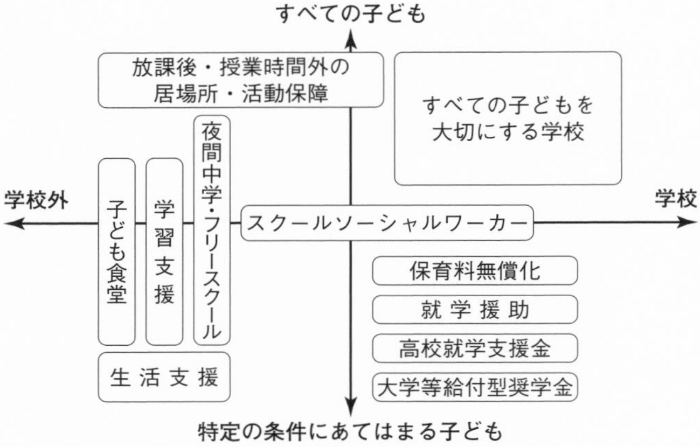

図 3-1 教育支援の類型化（末富 2017, p.24 より引用）

が必要である」と，述べている。

重要なことは，ソーシャルワーカーとの連携が急務であることを，教員はもとより教員をめざして予期的社会化の途上にある教職課程履修中の学生たちが熟知していくことである。というのは，熟知することにより，教員だけが担任児童の貧困問題を抱え込むことから脱却し，他の利害関係者（ステイクホルダー）と連携する「チーム学校」の概念が，より実質的に稼働することにつながると思われるからである。加えて就学前段階からもソーシャルワーカーとの連携が大切ならば，「チーム学校」ならぬ「チーム学校園」(高木 2018)という考え方も必要になってくる。チーム学校園とは，学校に加えて保育園・幼稚園・認定こども園などを含めて考えるものと思われるが，高木(同書)は，教員のストレス緩和のために，「チーム学校園」構築を謳（うた）っている。子どもの安全はもとより，心身の安心・安寧を最優先するのであれば，就学前からの支援を考えるべきであろうし，その意味では「チーム学校園」という発想は，時宜を得た考え方ともいえよう。

3-2-2 教育格差

貧困に連動して思い浮かぶのは，教育格差の問題である。松岡(2019)は，「いつの時代にも子どもの貧困による教育格差はあるのだ」(同書，p.42)とし，

表 3-1　15 歳時の所有物数と大卒割合

年齢層	性　別	男(四大以上)	女(短大以上)
若　年	貧困(18%)	23%	18%
	非貧困(82%)	47%	52%
	合　計	42%	47%
中　年	貧困(19%)	18%	11%
	非貧困(81%)	44%	40%
	合　計	39%	36%

(松岡 2019，p.41 より筆者が加筆)
(補注：若年層は 2015 年時点の 20 ～ 30 歳代，中年層は 2015 年時点の 40 ～ 50 歳代)

相対的貧困にある子ども数は 1980 年代に比して 2010 年代に大きく変わったわけではなく，「貧困層と非貧困層の大卒割合の格差は明らかである」(同書，p.41) と述べる。

表 3-1 は，社会階層と社会移動に関する全国調査(略称：SSM 調査)の 2015 年データを援用した松岡(同書，pp.40-41)によるものだが，貧困層が代理指標を以て概念化されている。松岡は，15 歳時点での家にあった所有物*)を経済的側面の豊かさととらえ，15 歳当時の「くらしむき」によって，貧困層と非貧困層とを区分した**)。分類の結果は，若年層では 18 %が，中年層では 19 %が，それぞれ貧困層に分類された。そして表 3-1 に示されるように，若年層の男女でも中年層の男女でも，貧困層の高等教育機関進学率は非貧困層よりもかなり低率になっているということが明らかとなった。この結果に加え，親の学歴によって習い事や教育サービスの利用格差が就学前から顕著になっていることや，親学歴と子学歴の相関からくる教育格差は，2000 年頃から大きく変わっていないことなどを，松岡は指摘している。つまり，教育を媒介として出身家庭の社会経済的地位(SES；Socioeconomic status)は，親から子へ受け継がれる傾向にあるのだ。

*)　持ち家，自家用車，クーラー・エアコン，カメラ，電子レンジ，学習机，ピアノ等，19 項目の有無を尋ねた問を利用した。

**)　その際，中年層よりは若年層のほうが，家にあった所有物が増えるはずなので，下位 15 %が貧困層の目安となるよう，中年層では 19 項目中 8 個まで，若年層では 11 個までを相対的貧困層に区分してある。

以上のとおり，相対的貧困層にあっても教育格差の現実に直面する事実を鑑みると，社会的養護の範疇で語られるような絶対的貧困層におかれた子どもたちにあっては，大学進学などは絵に描いた餅になってしまう。したがって，こうした現実にも教員はもとより教員志望学生は，敏感である必要性がある。

3-2-3　子ども虐待*)

先述した事案1・事案2に限らず，子の養育義務という最低限の親の機能をも果たしえない，本来の親たりえていない父母による児童虐待死事件が相次いで発生してしまっており，子ども虐待は現代日本の大きな社会問題と化している。図3-2をみると，児童相談所での児童虐待相談対応件数は，1990(平成2)年度から2018(平成30)年度まで増加の一途をたどり，1990年度と2018年度とを比較すれば，約145倍強もの対応件数となっている。こうした対応件数の増加から，虐待される子どもが急増し事態がますます悪化するばかりで社会問題化しているととらえる見方は，前述のとおり主流の論調とも解される。だが他方で，これまで顕在的に報告されず潜在していた虐待事例が，種々の普及啓発活動効果や世間の関心の高まりとともに地域社会で発見され，顕在的に報告されるようになったとみることもできなくはない。

いずれにせよ，虐待のリスクから子どもを守ることが急務とされるわけであるが，子どもの虐待は，どのように定義されているのであろうか。「児童虐待の防止等に関する法律」**)(平成12年法律第82号)の第2条に「児童虐待の定義」が明記されている。

> 「児童虐待」とは，保護者(親権を行う者，未成年後見人その他の者で，児童を現に監護するものをいう。以下同じ。)がその監護する児童(十八歳に満たない者をいう。以下同じ。)について行う次に掲げる行為をいう。
> 一　児童の身体に外傷が生じ，又は生じるおそれのある暴行を加えること。

---

*)　そもそも児童虐待とはいっても，虐待の被害者は小学生までの児童とは限らず中高生も入るはずで，その意味では成人前の18歳未満の子どもならば，すべてがその対象になりうる。したがって「子ども虐待」といったほうが精確であろう。ちなみに木村・有村(編著)(2016, pp.130-137)では，「子ども虐待」という表記で議論が展開されている。

**)　厚労省Webサイト内の以下のURLを参照のこと(最終改正：平成十九年六月一日法律第七十三号)。https://www.mhlw.go.jp/bunya/kodomo/dv22/01.html (2020年3月9日確認)　略称：児童虐待防止法。制定が平成12年と，きわめて新しい法律であることに驚かされる。

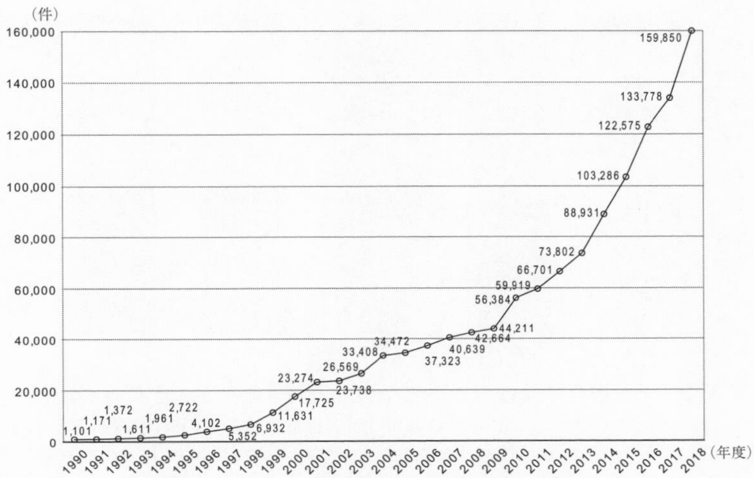

図 3-2　児童相談所での児童虐待相談対応件数(出典：厚生労働省(2019),「児童相談所での児童虐待相談対応件数とその推移」[平成 30 年度 児童相談所での児童虐待相談対応件数 < 速報値 > スライドに所収](https://www.mhlw.go.jp/content/11901000/ 000533886.pdf (2020 年 3 月 9 日確認)), および, 木村・有村(編著)(2016), p.130 より筆者が作成。)

二　児童にわいせつな行為をすること又は児童をしてわいせつな行為をさせること。
三　児童の心身の正常な発達を妨げるような著しい減食又は長時間の放置, 保護者以外の同居人による前二号又は次号に掲げる行為と同様の行為の放置その他の保護者としての監護を著しく怠ること。
四　児童に対する著しい暴言又は著しく拒絶的な対応, 児童が同居する家庭における配偶者に対する暴力(配偶者(婚姻の届出をしていないが, 事実上婚姻関係と同様の事情にある者を含む。)の身体に対する不法な攻撃であって生命又は身体に危害を及ぼすもの及びこれに準ずる心身に有害な影響を及ぼす言動をいう。)その他の児童に著しい心理的外傷を与える言動を行うこと。

これをみると, 子どもの虐待は 4 分類されており, ①身体的虐待, ②性的虐待, ③ネグレクト, ④心理的虐待の 4 類型*) であることがわかる。いずれの類型も, 被虐待者たる当該の子どもに重篤なダメージを与えうるものである。

---

*)　特に身体的虐待では, 被害児童の致死事案が近年相次いで報道され世間を震撼させているがゆえに, 解決すべき喫緊の社会問題として認識され, 議論の俎上にのせられていることは繰り返すまでもない。

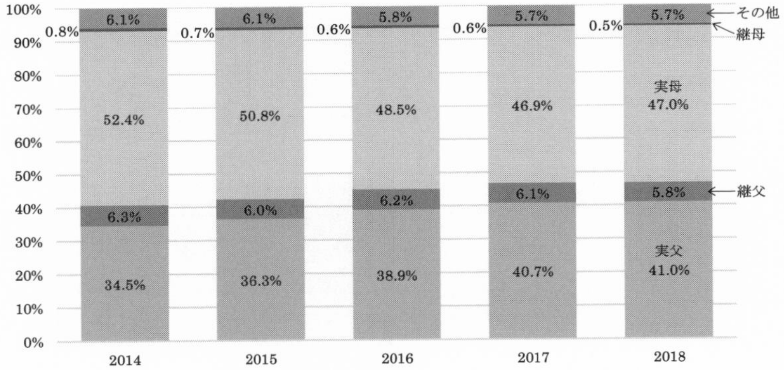

図 3-3 児童虐待相談における主な虐待者別構成割合の年次推移(出典:厚生労働省(2020),『平成 30 年度 福祉行政報告例の概況(令和 2 年 1 月 30 日)』, p.8 (https://www.mhlw.go.jp/toukei/saikin/hw/gyousei/18/dl/gaikyo.pdf (2020 年 3 月 9 日確認))より筆者が作成。)

加えて虐待事案で考えなければならないことは,加害者すなわち虐待者が両親などの家族によるものが大半を占めるという冷厳な事実である。図 3-3 は直近の 5 年度間の状況であるが,虐待者の 9 割以上が,両親(継父・継母を含む)ということになる。家庭内の事案であるだけに発覚しにくく,露見したときには取り返しのつかないきわめて重篤な事態に陥っているということになってしまうわけである。

3-3 教員に求められる社会的養護の素養

前節までで,学校園の教員*)に今後ますます求められる社会的養護の素養である,貧困・教育格差・子どもの虐待についてみてきたが,本節では特に子どもの虐待に焦点化していきたい。事案 1 の猛省を契機に,「児童虐待防止対策の強化に向けた緊急総合対策」**)[2018(平成 30)年 7 月 20 日 児童虐待防止対策に関する関係閣僚会議]の内容が公表されたが,本対策では,まず緊急に実施すべき重点対策として,①すべての子どもを守るためのルール

*) 3-2-1 項で説明した高木(2018)のチーム学校園(p.38)の考え方と同様,保育園・幼稚園・認定こども園も含める意味で,小中高の**学校教員**といういい方ではなく,**学校園の教員**と表記する。

**) 次の URL を参照のこと。
https://www.mhlw.go.jp/content/11900000/000335930.pdf (2020 年 3 月 9 日確認)

の徹底や，子どもの安全確認を早急に行うことが謳われた。また，②児童虐待に対応する専門機関である児童相談所や市町村の体制と専門性強化について，これまでの取組みよりもさらに進めるとした。さらに，③相談窓口の周知，より効果的・効率的な役割分担・情報共有，適切な一時保護，保護された子どもの受け皿確保など，児童虐待防止対策の強化に総合的に取り組むための道筋も示すこととされた。加えて同対策には別紙で「児童虐待防止対策体制総合強化プラン（新プラン）骨子」が付帯されており，ここには2022年度までに児童福祉司（約2,000人増），児童心理士，保健師の増員などが策定される旨が明記されている。だが，こうした対策が示されたにもかかわらず，2019年1月の事案2を防ぐことができなかった。

この後，厚生労働省を中心に立案された「改正児童虐待防止法」が2019年6月19日に国会で可決され，2020年4月から適用・施行されることとなった。法改正のポイント*)としては，以下の諸点に集約されよう。

・親が躾に際して体罰を加えることを禁止する。
・民法の「懲戒権」は施行後2年をめどに見直しを検討する。
・児童相談所の一時保護と保護者支援の担当を分ける。
・児童相談所には医師と保健師を配置する。
・学校や教育委員会，児童福祉施設の職員に守秘義務を課す。
・都道府県などは親への再発防止の指導を行うよう努める。
・家族が引っ越した場合に児童相談所間で速やかに情報を共有する。

こうした児童虐待防止法の改正ポイントをふまえ，学校園の教員は日常の教育的営為のなかで子どもたちを見守る必要性がこれまで以上に生じているが，多忙をきわめる現今の教員たちに業務だけを押しつけるわけにもいくまい。ここで図3-1に立ち返って考えると，就学前段階からをも含む学校（園）とソーシャルワーカーとの連携が，ひとつ重要になってくる。

一つの考えとして，教員養成と教育支援職養成とを切り分け，教員をバックアップする社会福祉士やスクールソーシャルワーカー（SSW）の養成を強化していくという，制度設計がありうる。加えて「チーム学校」や教育支援・教育協働が謳われる昨今の情勢を鑑みると，教員は教えることに特化し，

*） 厚労省のWebサイトほか各種報道機関のサイトを参照。たとえば，日本経済新聞社のNewsサイト（https://www.nikkei.com/article/DGXMZO46284690Z10C19A6MM0000/（2020年3月9日確認））など。

SSWは支援に特化するというプロフェッション性を重んじ棲み分けをしていくことは，理にも適った考え方であるともいえる。だが，ここにも陥穽(かんせい)がある。たとえば，樋口ら(樋口・青木・坪谷 編著 2018)の調査結果によれば，SSWが支援に入る学校ほどSSWとの相談が増え，結果的に教員の多忙化が進行するという実態も指摘されており，分業化による支援態勢が，子どもを救う手立てとして最善であるという保証が得られているわけではない。(コラム参照)

次頁コラムにあるように，被虐待のリスクを抱えた児童・生徒に，教員が仮に気づいたとき，SSWに任せれば連携が成立するかといえば，必ずしもそうはいかず，そこにはさらなる多忙化などという厳しい現実が待ち構えていることがうかがわれる。「チーム学校」の考え方に即して考えれば，さまざまな利害関係者(ステイクホルダー)からの支援を受け，彼らとの協働を通してこそ，子どもの育ちを見守ることが可能になるはずであるのに，困難なハードルが立ちはだかっている。だがそこであきらめずに，改正児童虐待防止法について，現職教員も教員志望の教職課程履修学生たちも，認識を深めておく必要はある。万に一つ，担任するクラスに被虐待リスクを負った児童生徒がいたとき，虐待に関する素養がなければ，何の手立ても講ずることができない。事案2などでは最悪の帰結をみただけに，関係各位に準備ができていなかったと断ぜざるをえまい。

3-4 子どもの虐待を抑止するために

図3-2で紹介したとおり，児童虐待相談対応件数(速報値)は，前年度より26,072件(19.5 %)増の159,850件と過去最多となっている。文科省も事案2での児童相談所・教育委員会・学校などの連携のまずさや対応の誤りに鑑み，『学校現場における虐待防止に関する研修教材』(文部科学省初等中等教育局 2020)を公表している。これをみると，想定される虐待対応のケースをa)からf)の6種類に分けて紹介し，2事例のロールプレイングがあげられている*)。

*) 文科省としては，「学校等における虐待対応の実践的な研修に資する教材として，校長等管理職に向けた研修会などで，前述の『学校・教育委員会等向け虐待対応の手引き』と併用しながら御活用ください」(同書，はじめに)と謳っており，急ぎ学校現場で活用されることを期待しているものと思われる。

問題は，多忙をきわめる現今の学校現場の教員が，虐待防止に関する研修を取り込める余裕があるか否かであるが，尊い人命にかかわる問題だけに，喫緊の課題として取り組む必要があることはいうまでもない。むろん，被虐待リスク事案が日常的に起こるかといえば，ほとんどが杞憂かもしれない。

コラム

図3-4は，「チーム学校」の実態を把握すべく，2017年1月～3月に神奈川・兵庫・愛知・千葉・静岡の5県にある小中学校を対象に実施した調査結果の一部である。分析対象は，調査対象校の各学年から1人選出された，各学年を代表する学年主任教員である。図3-4より，小中ともSSWの勤務日数が月に5日以上の学校に勤務する教員で週の時間外勤務時間が最も長くなっている。加えて，SSWの勤務日数が多い学校で，必ずしも教員の時間外勤務時間が短くなっているわけではないことがわかる。つまり学校支援スタッフとしてのSSWについては，教員の時間的側面の多忙緩和に寄与していない。この理由としては，たとえば児童生徒をめぐる教育的課題を抱える困難校に，もともとSSWが多く配置される実態が調査結果に反映されている可能性はある。だがそれを差し引いても，SSWが多く来校することで教員がSSWとの連絡調整に追われ，時間外勤務がかえって増加する可能性も否定しえないことが推察される。さらに重要な論点として，SSWが配置されても教員の週平均時間外勤務は20時間以上で，月あたりの時間外勤務時間は80時間超となり，過労死ラインを超える域にあるという現状が看取される。ここからは，SSWなどの教育支援スタッフが教員の多忙緩和に貢献できるまでには，まだ課題が山積しているといえよう。

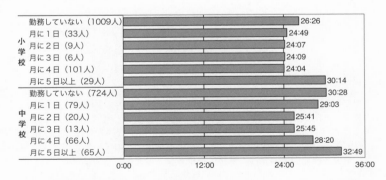

図3-4　教育支援職(SSW)の勤務日数と教員の週あたりの時間外勤務時間との関連(出典：樋口・青木・坪谷(編著)(2018)，pp.58-69より引用)

だが，それでもやらなければなるまい。というのは，備えがなければ，事案が生起してから対策を講じても遅いからだ。

もう一つ，教員養成機関である大学などで実施できることがある。それは教職課程履修学生が，子どもの虐待を含む社会的養護の素養を学べるような仕組みを整えることである。具体的には，教員養成系カリキュラムに，任用資格である児童福祉司の素養内容を埋め込むことである。社会的養護が必修の社会福祉士やSSWなどの教育支援職養成コースはカリキュラムがタイトで，教職課程履修学生が教員免許状と併行して，これら諸資格を取得するのはほぼ不可能である。そこで教育支援職養成系カリキュラムの一部を，教員養成系カリキュラムに組み込むか相互乗り入れさせ，教職課程履修学生が教員にならずとも，公務員になって任用資格で児童福祉司*)にもなれるという自覚を，強く意識づけするカリキュラムに改変していく方略がありうる。

むろん，現状の教職科目でも虐待問題を論ずることはある。だがそれは，教育支援職養成カリキュラムと同等とはいえず，児童福祉法第13条などが意識され，児童福祉司的資質を涵養する内容が，教員養成系カリキュラムに埋め込まれているわけではない。そこで，教職課程履修学生が社会的養護を日常的に学べるよう，教職課程講義内に教育支援職養成系のカリキュラム内容に通ずるものを意識的に用意する必要がある。また，教育支援職養成系スタッフとの連携を含む，大学外の教育支援職従事者とのコラボレーションを，教職課程の講義内で実現できるようカリキュラムを構築することも急務といえよう。

---

*）「児童福祉司の任用資格要件について」は児童福祉法第13条で定められており，このなかに「2. 学校教育法に基づく大学又は旧大学令に基づく大学において，心理学，教育学若しくは社会学を専修する学科又はこれらに相当する課程を修めて卒業した者であって，厚労省令で定める施設において1年以上児童その他の者の福祉に関する相談に応じ，助言，指導その他の援助を行う業務に従事したもの」という項目がある。心理学，教育学，社会学を専攻し教員免許を取得する教員養成系学生は現今でも多数いるわけだから，これらの講義に，児童福祉司の素養を涵養する内容を埋め込むわけである。下記URLを参照。
http://www.pref.kochi.lg.jp/soshiki/060301/files/2012121900150/2012121900150_www_pref_kochi_lg_jp_uploaded_attachment_32886.pdf?20180603（2020年3月9日確認）

3-5 おわりに

本章では，社会的養護の主たる問題である貧困・格差・虐待のうち，特に子どもの虐待に照準をあわせて議論を進めてきた。虐待死事案は何よりも皆無にしなければならないが，「子育て」ができない父母の，親性の機能不全が散見される現代日本社会の状勢を鑑みたとき，社会が「子どもの育ち」を保障するような，いわば育児性*)を実現していく必要がある。

加えて，子ども自身のウェルビーイング(幸せ)に関連した指標への目配りも必要である。末富(前掲書，p.35)は，ユニセフモデルを援用しながら子どものウェルビーイング指標を，①所得(貧困・剥奪)，②住宅と環境，③学校生活，④家族と仲間関係，⑤健康と安全，⑥リスク行動の6つに整理し，これらを「学校や教育政策の評価，子どもの貧困対策指標，また子どもの貧困対策に関わる検証の枠組みに積極的に採用することが重要だ」(同書，pp. 34-35)と述べる。このことは，社会的養護，わけても子どもの虐待に関しても適用可能だろう。被虐待リスク児童は，選択不能な定位家族に生まれ落ちる。仮に当該の親に「子育て」の機能不全が認められたならば，「子どもの育ち」を保障すべく学校園の教員を含む利害関係者(ステイクホルダー)が，子どものウェルビーイングを担保するために全力支援する社会をめざしたい。そのときにこそ，「チーム学校」がワン・チームとして機能することになるであろう。

引用・参考文献

阿部 彩(2014)，子どもの貧困Ⅱ―解決策を考える―　岩波書店(岩波新書 1467)
相澤 仁・林 浩康(編集)／公益財団法人 児童育成協会(監修)(2015)，(基本保育シリーズ⑥) 社会的養護　中央法規出版
樋口修資・青木純一・坪谷美欧子(編著)(2018)，支援スタッフで学校は変わるのか―教員との協働に関する実態調査から―　アドバンテージサーバー
上鹿渡和宏(2012)，「英国・欧州における社会的養護に関する実証的研究の変遷と実践への影響」，『長野大学紀要』，第34巻 第2号，1-13.
木村容子・有村大士(編著)(2016)，(新・基礎からの社会福祉 7) 子ども家庭福祉　ミネルヴァ書房
腰越 滋(2001)，「子育て支援と就学前の教育」，東京学芸大学出版会設立準備会『こ

*)　育児性については，たとえば，腰越(2001)を参照されたい。

れからの教育と大学』制作委員会(編),『これからの教育と大学』, 第2章第1節 所収(77-88頁) 東京学芸大学出版会

松岡亮二(2019), 教育格差 階層・地域・学歴 ちくま新書(1422)

文部科学省初等中等教育局(2020), 学校現場における虐待防止に関する研修教材(令和2年1月23日), 文部科学省
https://www.mext.go.jp/a_menu/shotou/seitoshidou/__icsFiles/afieldfile/2020/01/28/20200128_mxt_kouhou02_01.pdf (2020年3月9日確認)

中村強士(2017),「乳幼児期の貧困とソーシャルワーク」, 末冨(編著),『子どもの貧困対策と教育支援―より良い政策・連携・協働のために―』, 第2章 所収, 明石書店, 39-63.

西村貴直(2006),「【研究ノート】アメリカ合衆国の公的扶助」,『長崎国際大学論叢』, 第6巻, 169-177.

野澤正子(1996),「1950年代のホスピタリズム論争の意味するもの:母子関係論の受容の方法をめぐる一考察」,『社会問題研究』, 第45巻 第2号, 35-58.

末冨 芳(編著)(2017), 子どもの貧困対策と教育支援―より良い政策・連携・協働のために― 明石書店

高木 亮(2018), チーム学校園を構築するための教師ストレス研究 ナカニシヤ出版

戸田芳雄(編著)(2012), 学校・子どもの安全と危機管理 少年写真新聞社

吉田幸恵(2018),(MINERVA社会福祉叢書)社会的養護の歴史的変遷:制度・政策・展望 ミネルヴァ書房

吉田幸恵(2014),「社会的養護の歴史的展開―ホスピタリズム論争期を中心に―」, 名古屋経営短期大学子ども学科子育て環境支援研究センター(編),『子ども学研究論集』, No.6, 15-28.

4章

教育課程における安全教育

安全教育は，体育・健康に関する教育の一環として学校の教育活動全体を通じて行うものであり，教科等横断的な教育内容である。学習指導要領の前文にも示されているとおり，今日，持続可能な社会をめざして学校は，社会に開かれた教育課程を編成することが求められる。

平成29年版・30年版学習指導要領では，主体的・対話的で深い学びの実現に向けた授業改善がめざされ，知識及び技能の習得，思考力・判断力・表現力等の育成，学びに向かう力・人間性等の涵養という3つの資質・能力の育成をめざしているが，安全教育でもこれらは同様である。安全教育の教育課程を通して「災害等を乗り越えて次代の社会を形成すること」に向けて求められる資質・能力を育成し，児童生徒を持続可能な社会の創り手とすることが求められる。

4-1 「社会に開かれた教育課程」としての安全教育

前回の平成20年版・21年版の学習指導要領が告示された後，東日本大震災という未曽有の災害が発生した。近時では激甚災害，大雨特別警報台風という最大規模の災害も頻発している。さらに，子どもが対象の誘拐や殺傷事件もしばしば報道されている。また，インターネットやSNSにともなう新たな危険も発生するようになった。このような背景を受けて，平成29年版・30年版の学習指導要領では，安全教育について力が入れられている*)。

平成29年版学習指導要領には前文があり，そのなかで**「社会に開かれた**

*）小・中学校の学習指導要領は平成29年に告示されたため，以下，「平成29年版」とする。

教育課程」が謳われている。「社会に開かれた教育課程」とは，「よりよい学校教育を通してよりよい社会を創るという理念を学校と社会とが共有し，それぞれの学校において，必要な学習内容をどのように学び，どのような資質・能力を身に付けられるようにするのかを教育課程において明確にしながら，社会との連携及び協働によりその実現を図っていく」という理念である（文部科学省 2017a，p.15：文部科学省 2017b，p.17）。

安全教育の理念は，まさしく，「社会との連携及び協同」によって，「よりよい学校教育を通して」，安全・安心な「よりよい社会を創る」という「社会に開かれた教育課程」そのものであるといえる。

安全・安心な行動や知識・考え方というものは，生涯必要とされるものである。生活上の安全，家庭内の安全，子育てにおける安全なども必要とされるうえ，企業内や職業上でも安全が求められる。また，安全・安心な社会を創るには，安全な商品やサービスを提供するというモラルや考え方も身に付ける必要がある。このように，学校における安全教育は，安心・安全な社会を創る基礎となるものである。

4-2 「生きる力」としての安全教育

安全に関する指導は，学習指導要領において小・中学校教育の基本としてあげられ，学校の教育活動全体を通じて行うものとされている。

小学校および中学校学習指導要領，第1章 総則 第1の2には，児童に「**生きる力**」を育むことをめざすものとすると述べられているが（文部科学省 2017a，p.18：文部科学省 2017b，p.20），「生きる力」とは，(1) **確かな学力**，(2) **豊かな心**，(3) **健やかな体**の3つを育むことであり，知・徳・体のバランスのとれた育成である（文部科学省 2017c，p.23：文部科学省 2017d，p.23）。この3つは，従来から「生きる力」を構成する3要素だといわれるものであり，特に(3)に相当する部分は，**体育・健康に関する指導**として，中学校学習指導要領では次のとおり規定されている（下線は筆者による）。

「(3) 学校における体育・健康に関する指導を，生徒の発達の段階を考慮して，<u>学校の教育活動全体を通じて適切に行うこと</u>により，<u>健康で安全な生活</u>と豊かなスポーツライフの実現を目指した教育の充実に努めること。特に，学校における食育の推進並びに体力の向上に関する指導，安全に関する指導及び心身の健康の保持増進に関する指導については，保健体育科，技術・家庭科及び特別活動の時間はもとより，各教科，道徳科及び総合的な学習の時間などにおいてもそれぞれの特質に応じて適切に行うよう努めること。また，それらの指導を通して，家庭や地域社会との連携を図りながら，日常生活において適切な体育・健康に関する活動の実践を促し，生涯を通じて健康・安全で活力ある生活を送るための基礎が培われるよう配慮すること。」(文部科学省 2017b, p.20)

(小学校では「生徒」が「児童」となっており，教科等が小学校の教育課程にあわせたものになっているが趣旨は同じである(文部科学省 2017a, p.18)。)

下線の部分に着目するとわかるとおり，安全に関する指導は体育・健康に関する指導のなかに含まれている。体育・健康に関する指導は「学校の教育活動全体を通じて適切に行う」ということが，教育課程における安全教育を含む体育・安全に関する指導の考え方であり，「保健体育科，技術・家庭科及び特別活動の時間はもとより，各教科，道徳科及び総合的な学習の時間などにおいてもそれぞれの特質に応じて適切に行うよう努めること」となっている。このことは，安全教育は特定の教科等のなかで行うものではなく，さまざまな教科等のなかで学校教育全体を通じてその効果を高めるように実施するということを意味する。

体育・健康に関する指導と同様に，安全に関する指導は，「健康で安全な生活」をめざして行われるものである。「家庭や地域社会との連携」を図りながら，「日常生活において適切な体育・健康に関する活動の実践を促し」とあるように，日常生活で安全な活動を行うことが求められる。その結果，「生涯を通じて健康・安全で活力ある生活を送るための基礎が培われるよう配慮する」ものである。先にも述べたとおり，「生涯を通じて安全な生活を送る」ということを念頭において，安全教育を行うことが望まれる。

4-3 安全計画と安全教育との関係

学校保健安全法第27条では，**学校安全計画**の策定を規定している。

「(学校安全計画の策定等)

第27条　学校においては，児童生徒等の安全の確保を図るため，当該学校の施設及び設備の安全点検，児童生徒等に対する通学を含めた学校生活その他の日常生活における安全に関する指導，職員の研修その他学校における安全に関する事項について計画を策定し，これを実施しなければならない。」

これと関連して，小学校および中学校学習指導要領「第5　学校運営上の留意事項」の「1　教育課程の改善と学校評価等」では，学校安全計画と教育課程との関係について，「教育課程の編成及び実施に当たっては，学校保健計画，学校安全計画，食に関する指導の全体計画，いじめの防止等のための対策に関する基本的な方針など，各分野における学校の全体計画等と関連付けながら，効果的な指導が行われるように留意するものとする。」(下線は筆者による)(文部科学省 2017a, p.25：文部科学省 2017b, p.27)と記されている。このように，学校安全に関する学校の基本的な方針や全体計画と教育課程における安全教育とを関連づけた指導が求められる。

4-4 教科等横断的な内容としての安全教育

平成29年版学習指導要領では，**カリキュラム・マネジメント**がキーワードとなっている。以下に示すように，カリキュラム・マネジメントを行う過程に，「教育の目的や目標の実現に必要な教育の内容等を教科等横断的な視点で組み立てていくこと」という，**教科等横断的な視点**を求めている*)(下線は筆者による)。

「各学校においては，児童や学校，地域の実態を適切に把握し，教育の目的や目標の実現に必要な教育の内容等を教科等横断的な視点で組み立てていくこと，教育課程の実施状況を評価してその改善を図っていくこと，教育課程の実施に必要な人的又は物的な体制を確保するとともにそ

*）ここで「教科等」というように「等」という文字が入っているのは，教科のほかに，総合的な学習の時間，特別活動という教科ではないものも含まれているからである。

の改善を図っていくことなどを通して，教育課程に基づき組織的かつ計画的に各学校の教育活動の質の向上を図っていくこと（以下「カリキュラム・マネジメント」という。）に努めるものとする。」（文部科学省 2017a，p.18：文部科学省 2017b，p.20）

また，「第2　教育課程の編成」の「2　教科等横断的な視点に立った資質・能力の育成」の(2)において，次のとおりの記述がある。

「各学校においては，児童や学校，地域の実態及び児童の発達の段階を考慮し，豊かな人生の実現や災害等を乗り越えて次代の社会を形成することに向けた現代的な諸課題に対応して求められる資質・能力を，教科等横断的な視点で育成していくことができるよう，各学校の特色を生かした教育課程の編成を図るものとする。」（文部科学省 2017a，p.19）

（中学校では「児童」が「生徒」となっている。（文部科学省 2017b，p.21））

すなわち，「**災害等を乗り越えて次代の社会を形成することに向けた現代的な諸課題**」の対応に求められる「資質・能力」を，「教科等横断的な視点で育成していくこと」ができるように，各学校に教育課程の編成を求めている。

そして，『小学校学習指導要領解説 総則編』および『中学校学習指導要領解説 総則編』の付録では，「**現代的な諸課題に関する教科等横断的な教育内容**」のひとつとして，「**防災を含む安全に関する教育**」をあげている。この付録では，小学校と中学校について教育内容別に，「第1章 総則」からすべての教科等にわたって，該当箇所が抜粋されて表になっており（文部科学省 2017c，pp.244-249：文部科学省 2017d，pp.240-245），以下ではこれに基づいて教科等と安全教育との関係を概説する*)。

4-5　教科と安全教育

教科等については，その掲載順に示すと，小学校では，体育科，家庭科，特別活動を筆頭に，特別の教科 道徳，総合的な学習の時間，理科，社会科，生活科，図画工作科が，中学校では，保健体育科，特別の教科 道徳，総合的な学習の時間，特別活動，理科，社会科，技術・家庭科（技術分野，家庭

*) なお，同じ資料は『学校安全資料「生きる力」をはぐくむ学校での安全教育』にも掲載されている（文部科学省 2019，pp.152-157）。

分野)が抜粋されている。

教科別の安全教育の具体的な内容については他の章に譲るが，ここでは，その概要を大まかに示しておく*)。

教科の安全教育の内容は，①安全についての一般的な知識・技能，②教科の実践を行ううえで必要とされる安全の知識・技能，③災害の原因となる自然現象，安全に対する社会の取組みについての学習，に大別できる。

①の**安全についての一般的な知識・技能**の代表的な内容は，けがの防止，交通事故，自然災害による障害，応急手当(小学校体育・中学校保健体育の保健分野)，運動やスポーツの安全な行い方(中学校体育理論)，水泳の安全の確保につながる運動(小学校体育･中学校保健体育の体育分野)などである。小学校生活科における「身近な人々，社会及び自然と関わる活動に関する内容」における「公共物や公共施設を利用する活動を通して，(中略) それらを大切にし，安全に気を付けて正しく利用しようとする」という内容や，小学校家庭科，中学校技術・家庭科の家庭分野における「住まいの整理・整頓や清掃の仕方」(小学校)，「家庭内の事故の防ぎ方など家族の安全を考えた住空間の整え方」(中学校)，「幼児や高齢者と関わるなど校外での学習について，事故の防止策及び事故発生時の対応策等を綿密に計画するとともに，相手に対する配慮にも十分留意するものとする」こと(中学校)もこれに相当する。

②の**教科の実践を行ううえで必要とされる安全の知識・技能**は，理科における実験・観察における事故防止の指導，図画工作の造形活動で使用する材料・用具・活動場所についての安全な扱い方についての指導，美術科における事故防止のための刃物類・塗料・器具などの使い方の指導と保管・活動場所における安全指導，体育・保健体育における体育分野のすべての内容での「場や用具の安全に気を配ったりすること」(小学校体育)，「健康・安全に気を配ること」「健康・安全を確保すること」(中学校保健体育)，「水泳の事故防止に関する心得の遵守」(中学校体育)，技術・家庭の技術分野における「安全・適切な製作や検査・点検等」(A　材料と加工の技術)，「安全・適切な栽培又は飼育，検査等」(B　生物育成の技術)，「安全・適切な製作，実装，点検及び調整等」(C　エネルギー変換の技術)，小学校家庭科・中学校技術・家

*)　上記の小学校および中学校の『学習指導要領解説 総則編』の表からの引用であるため，学習指導要領の個々の引用は示さない。それ以外の箇所の場合には，引用を示す(4-4, 4-5, 4-6 節についても同様)。

庭の家庭分野における「健康・快適・安全で豊かな食生活，衣生活，住生活に向けて考え，工夫する活動」，具体的には「調理に必要な用具や食器の安全で衛生的な取扱い及び加熱用調理器具の安全な取扱」(小学校)，「食品や調理用具等の安全と衛生に留意した管理」(中学校)，「手縫いやミシン縫いによる目的に応じた縫い方及び用具の安全な取扱い」(小学校)，「製作する物に適した材料や縫い方について理解し，用具を安全に取り扱い，製作が適切にできること」(中学校)などがあげられる。

②については，取り上げ方によっては，①の安全についての一般的な知識・技能として指導することもできる。たとえば，中学校技術・家庭科の技術分野の内容の「C　エネルギー変換の技術」の(1)(エネルギーの変換や伝達等に関わる基礎的な技術のしくみや保守点検)について，「電気機器や屋内配線等の生活の中で使用する製品やシステムの安全な使用についても扱うものとする」という内容では，身近な電気器具や屋内配線を教材として，安全についての一般的な知識・技能の学習として発展させることも必要である。

③の**災害の原因となる自然現象，安全に対する社会の取組みについての学習**は，理科における気象，雨水や流水・火山の噴火・地震と土地の変化などの自然環境と自然災害との関係に関する学習，社会科における消防署や警察署と地域の安全，飲料水・電気・ガスを供給する事業，地震災害・津波災害・風災害・火山災害・雪害などの自然災害，自然災害からの復旧や復興(以上，小学校)，「日本の地形や気候の特色，海洋に囲まれた日本の国土の特色，自然災害と防災への取組などを基に，日本の自然環境に関する特色を理解すること」(中学校・地理的分野)，「情報化」で取り上げる「災害時における防災情報の発信・活用などの具体的事例」「社会資本の整備，公害の防止など環境の保全，少子高齢社会における社会保障の充実・安定化，消費者の保護」「我が国の安全と防衛」(中学校・公民的分野)があげられる。

③についても，取り上げ方によっては，①の安全についての一般的な知識・技能として指導することができる。たとえば，小学校では地域の安全を取り上げ，自然災害については県内で発生した災害や県庁や市役所のはたらきを取り上げる。中学校では，地域調査の一つとして防災を取り上げることになっている。このようにして，地域や生活に密着した事例を取り上げることができる。

4-6 道徳教育・特別の教科 道徳と安全教育

中学校学習指導要領の冒頭部分である第1章 総則 第1の2の(2)には,「学校における道徳教育は，特別の教科である道徳(以下「道徳科」という。)を要(かなめ)として学校の教育活動全体を通じて行うものであり，道徳科はもとより，各教科，総合的な学習の時間及び特別活動のそれぞれの特質に応じて，生徒の発達の段階を考慮して，適切な指導を行うこと。」(文部科学省 2017b, p.19)と記されている。(小学校では教科等が小学校の教育課程にあわせたものになっているが，趣旨は同じである(文部科学省 2017a, p.17)。) このように，**道徳教育**は，特別の教科 道徳を中心としながら，学校の教育活動全体を通じて行うことが求められている。

特別の教科 道徳においては，大きく分けると，「A 主として自分自身に関すること」のなかの「節度・節制」と「D 主として生命や自然，崇高なものとのかかわりに関すること」のなかの「生命の尊さ」があげられている。その内容は以下のとおりである。

A 主として自分自身に関すること	
	[節度，節制]
小学校 第1学年 及び第2学年	健康や安全に気を付け，物や金銭を大切にし，身の回りを整え，わがままをしないで，規則正しい生活をすること。
小学校 第3学年 及び第4学年	自分でできることは自分でやり，安全に気を付け，よく考えて行動し，節度のある生活をすること。
小学校 第5学年 及び第6学年	安全に気を付けることや，生活習慣の大切さについて理解し，自分の生活を見直し，節度を守り節制に心掛けること。
中学校	望ましい生活習慣を身に付け，心身の健康の増進を図り，節度を守り節制に心掛け，安全で調和のある生活をすること。

D　主として生命や自然，崇高なものとのかかわりに関すること	
	［生命の尊さ］
小学校 第1学年 及び第2学年	生きることのすばらしさを知り，生命を大切にすること。
小学校 第3学年 及び第4学年	生命の尊さを知り，生命あるものを大切にすること。
小学校 第5学年 及び第6学年	生命が多くの生命のつながりの中にあるかけがえのないものであることを理解し，生命を尊重すること。
中学校	生命の尊さについて，その連続性や有限性なども含めて理解し，かけがえのない生命を尊重すること。

また，総則でも，4-2節で示した 第1章 第1の2の(2)の規定のほか，第6の「**道徳教育に関する配慮事項**」の3に，次の事項がある。

「学校や学級内の人間関係や環境を整えるとともに，集団宿泊活動やボランティア活動，自然体験活動，地域の行事への参加などの豊かな体験を充実すること。また，道徳教育の指導内容が，児童の日常生活に生かされるようにすること。その際，いじめの防止や安全の確保等にも資することとなるよう留意すること。」(文部科学省 2017a，p.27)

(中学校では「児童」が「生徒」となっているが，趣旨は同じである(文部科学省 2017b，p.28)。)

これは，道徳教育の指導内容と児童生徒の**日常生活**との関連を求めているものである。これについて，『小学校学習指導要領解説 総則編』では，「安全の確保」という項目で説明を行っている(文部科学省 2017c，p.144)。

まず，「児童自身が日常生活全般における安全確保のために必要な事項を実践的に理解し，生命尊重を基盤として，生涯を通じて安全な生活を送る基礎を培うとともに，進んで安全で安心な社会づくりに参加し貢献できるような資質や能力を育てることは，次世代の安全文化の構築にとって重要なことである。」とあり，「生命尊重を基盤」として，「生涯を通じて安全な生活を送る基礎を培う」ことと，「進んで安全で安心な社会づくりに参加し貢献できるような資質や能力を育てること」の重要性が述べられている。これに続いて，次のように述べられている。

「道徳教育においては，自律的に判断することやよく考えて行動し，節度，節制に心掛けることの大切さ，生きている喜びや生命のかけがえのなさなど生命の尊さの自覚，力を合わせよりよい集団や社会の実現に努めようとする社会参画の精神などを深めることが，自他の安全に配慮して安全な行動をとったり，自ら危険な環境を改善したり，安全で安心な社会づくりに向けて学校，家庭及び地域社会の安全活動に進んで参加し，貢献したりするなど，児童が安全の確保に積極的に関わる態度につながる。交通事故及び犯罪，自然災害から身を守ることや危機管理など安全に関する指導に当たっては，学校の安全教育の目標や全体計画，各教科等との関連などを考えながら進めることが大切である。」

学習指導要領では，道徳教育の指導内容が児童生徒の日常生活に生かされるようにすることを述べているが，集団や社会への参画の精神，家庭や地域社会への参加･貢献までが視野に入れられている。このように，大きな視野，目標をもって，道徳教育の実践を行うことが求められる。

4-7　総合的な学習の時間と安全教育

総合的な学習の時間については，学習指導要領のなかに直接，「安全」という言葉は記載されていないが，各学校において，「各学校の総合的な学習の時間の内容を定める」となっている。この内容として，安全教育の内容を定めることができる。

「目標を実現するにふさわしい探究課題については，学校の実態に応じて，例えば」として，小学校では「国際理解，情報，環境，福祉・健康などの現代的な諸課題に対応する横断的・総合的な課題，地域の人々の暮らし，伝統と文化など地域や学校の特色に応じた課題，児童の興味・関心に基づく課題など」，中学校では「国際理解，情報，環境，福祉・健康などの現代的な諸課題に対応する横断的・総合的な課題，地域や学校の特色に応じた課題，生徒の興味・関心に基づく課題，職業や自己の将来に関する課題などを踏まえて設定すること」となっている。小学校および中学校『学習指導要領解説総合的な学習の時間編』では，この「地域や学校の特色に応じた課題」として，「防災：防災のための安全な町づくりとその取組」があげられている（文部科学省 2017e, p.75：文部科学省 2017f, p.71)。その他の課題でも，適宜，安全教育に関するものを設定することができよう。

4-8 特別活動における安全教育

特別活動における安全教育は，一つは学級活動の(2)における次の内容である。

「(2) 日常の生活や学習への適応と自己の成長及び健康安全
ウ 心身ともに健康で安全な生活態度の形成
現在及び生涯にわたって心身の健康を保持増進することや，事件や事故，災害等から身を守り安全に行動すること。」(小学校)

「エ 心身ともに健康で安全な生活態度や習慣の形成
節度ある生活を送るなど現在及び生涯にわたって心身の健康を保持増進することや，事件や事故，災害等から身を守り安全に行動すること。」(中学校)

もう一つは，学校行事のなかの健康安全・体育的行事である。

「(3) 健康安全・体育的行事
心身の健全な発達や健康の保持増進，事件や事故，災害等から身を守る安全な行動や規律ある集団行動の体得，運動に親しむ態度の育成，責任感や連帯感の涵養，体力の向上などに資するようにすること。」

健康安全・体育的行事の具体例としては，小学校では避難訓練や交通安全，防犯等の安全に関する行事(文部科学省 2017g, p.125)，中学校では薬物乱用防止指導，防犯指導，交通安全指導，避難訓練や防災訓練(文部科学省 2017h, p.99)などがあげられる。

また，学級活動(1)「学級や学校における生活づくりへの参画」や，児童会活動・生徒会活動に直接，「安全」という言葉はでてこないが，学級や学校の生活づくりの一環として安全を取り上げることができる(文部科学省 2017a, pp.183-184：文部科学省 2017b, pp.162-163)。同様に，児童会活動・生徒会活動では「よりよい学校生活を築くための体験的な活動」を行うため，児童生徒の生活に密着した自分たちの問題としての安全活動に取り組むことができる(文部科学省 2017a, pp.185-186：文部科学省 2017b, p.164)。

その他，健康安全・体育的行事における運動会や体育祭などの体育的行事，小学校の遠足・集団宿泊的行事(中学校では旅行・集団宿泊的行事)での野外活動・修学旅行などで安全指導が行われる(文部科学省 2017a, p.187：文部科学省 2017b, p.165)。

4-9 安全教育に関する教育課程の編成

校種別の安全教育の目標は第1章 表1-1に掲載されているが，それをふまえて，学校や地域の実態に応じて安全教育の目標を学校ごとに策定する。それに基づき，それぞれの教科等でどのような安全教育の内容を実施するかを教科等横断的に定める。そのなかでは，特別の教科 道徳と道徳教育，総合的な学習の時間，特別活動などについても内容と活動を考える。そして，豊かな体験活動との関連，家庭や地域社会との連携も考え，安全教育が児童生徒の日常生活に生かされるようにしていく。その際，学校安全計画との関連づけも行い，学校安全計画のなかで安全教育が適切に位置づけられるようにしていく。安全教育の教育課程をカリキュラム・マネジメントにより評価して，その向上を図ることが求められる。

4-10 主体的・対話的で深い学びとしての安全教育

平成29年版のもう一つのキーワードは，「**主体的・対話的で深い学びの実現に向けた授業改善**」である(文部科学省 2017a, p.22：文部科学省 2017b, pp.23-24：文部科学省 2017c, p.77：文部科学省 2017d, p.78)。

安全教育は，児童生徒の身近な課題に設定しやすく，興味・関心をもたせやすいので主体的な学びを実現する題材がたくさんある。身近にある危険とその安全対策について児童生徒の共通の題材として話し合ったり，まとめたり，発表したりということがしやすい。地域の方々から交通安全や防災の話を聞くこともできるし，地域の災害や防災の過去の事例から先哲の考えを知ることもできる(対話的な学びには先哲の考え方を知ることも含まれる)。よって，さまざまな対話的な学びができる。身の回りの危険を調べ，その解決策などを考えることによって，習得・活用・探究という学びの過程をつくりやすく，深い学びを実現しやすい。このように，安全教育によって，主体的・対話的で深い学びの授業を行うことができる。

4-11　持続可能な社会と災害等を乗り越えて次代の社会を形成すること

平成29年版の学習指導要領では，(1) **知識及び技能の習得**，(2) **思考力，判断力，表現力等の育成**，(3) **学びに向かう力，人間性等の涵養**の３つの資質・能力の育成がめざされ，教科等の目標もこの３つから構成されているが，安全教育の内容を考えると，この３つに向けた学習を展開しやすい。たとえば，交通安全ならば，交通ルールや危険を回避する方法などの知識や技能を身に付け，学区内の登下校で交通事故に遭わないようにするためにはどうしたらよいのかという実際の場面を考える思考力や判断力を，それについてみんなで意見を出し合ってよりよい結論を導く場合の表現力を育成し，そしてこの学習は，将来も交通安全に心がけ，自動車の運転免許を取得した場合は安全運転に心がける，という生涯にわたる学びに向かう力，人間性等の涵養につながる。地震と災害の学習ならば，地震が起きるメカニズム，地震が起きたときに身を守る行動などの知識・技能を身に付け，学校で地震が発生した場合にどこに避難したらよいかなど実際の防災マップを確認してシミュレーションする場合の思考力や判断力，それを話し合ったり発表したりする場合の表現力，学校での学習をもとに自宅で地震に遭ったらどうしたらよいかなどを考える学びに向かう力，国・自治体・地域の人々がどのように防災に向き合ってきたかを調べることによって学びに向かう力，人間性等を育成することもできる。

交通安全を学んだ児童生徒が，将来，自動車の運転手として安全運転に心がけたり，より安全な交通システムを開発したりするかもしれない。地震や津波について先人の取組みを学んだ児童生徒がレスキュー隊を志望するかもしれないし,災害時における救急医療の医師や看護師をめざすかもしれない。耐震性に優れた建物を開発するかもしれないし，津波を防止する堤防をつくり，避難しやすい都市を設計するなど，土木や都市計画，行政の分野に進むかもしれない。技術・家庭で消費者の安全や電気製品・機械の安全について学んだ児童生徒が将来，より安全な製品の開発に携わるかもしれない。

学習指導要領の前文では，

「これからの学校には，こうした教育の目的及び目標の達成を目指しつつ，一人一人の児童(中学校では「生徒」)が，自分のよさや可能性を認識するとともに，あらゆる他者を価値のある存在として尊重し，多様な人々と協働しながら様々な社会的変化を乗り越え，豊かな人生を切り拓き，持続可能な社会の創り手となることができるようにすることが求められる。このために必要な教育の在り方を具体化するのが，各学校において教育の内容等を組織的かつ計画的に組み立てた教育課程である。」（文部科学省 2017a，p.15：文部科学省 2017b，p.15）

と述べられているように，学校は「**持続可能な社会の担い手**」を育成すること，そして，4-4節で述べた「災害等を乗り越えて次代の社会を形成すること」に向けて求められる資質・能力を育成することが求められる。教育課程において安全教育は，このような大きな目標のなかに位置づける必要がある。

引用文献

文部科学省(2017a)，小学校学習指導要領(平成29年告示)
文部科学省(2017b)，中学校学習指導要領(平成29年告示)
文部科学省(2017c)，小学校学習指導要領(平成29年告示)解説 総則編
文部科学省(2017d)，中学校学習指導要領(平成29年告示)解説 総則編
文部科学省(2017e)，小学校学習指導要領(平成29年告示)解説 総合的な学習の時間編
文部科学省(2017f)，中学校学習指導要領(平成29年告示)解説 総合的な学習の時間編
文部科学省(2017g)，小学校学習指導要領(平成29年告示)解説 特別活動編
文部科学省(2017h)，中学校学習指導要領(平成29年告示)解説 特別活動編
文部科学省(2019)，学校安全資料「生きる力」をはぐくむ学校での安全教育 改訂2版

5章

社会科における安全教育

『学校安全資料「生きる力」をはぐくむ学校での安全教育』(文部科学省 2019)によると，学校における安全教育を進めるにあたって，「児童生徒等が安全に関する資質・能力を教科等横断的な視点で確実に育むことができるよう，自助，共助，公助の視点を適切に取り入れながら，地域の特性や児童生徒等の実情に応じて，各教科等の安全に関する内容のつながりを整理し教育課程を編成することが重要である」と指摘している。そのためには，各教科等が安全教育で果たすべき役割や，教科等相互の関係性，重点的な指導内容等を整理し，系統的・体系的な安全教育を計画的に実施することが求められる。では，社会科が安全教育で担っている役割とは何か。また，安全教育と関連する社会科における指導内容とはどのようなことだろうか。本章では，これらを明らかにするとともに，具体的な授業の実践例を紹介する。

5-1　学習指導要領と安全教育

2017(平成 29)年に告示された新学習指導要領が，小学校では 2020(令和 2)年から，中学校では 2021(令和 3)年度から全面実施される。小学校および中学校の『学習指導要領(平成 29 年告示)解説　総則編』(2017)には，現代的な諸課題に対応して求められる資質・能力を，一つの教科等の枠組みだけでなく教科横断の視点で育成できるよう，各学校の特色を生かした教育課程を編成する必要性が示されている。そして，カリキュラム・マネジメントの参考として活用する趣旨で，現代的な諸課題に関する教科等横断的な教育内容の例として，「防災を含む安全に関する教育」や「主権者に関する教育」「食に関する教育」等が付録資料として掲載されている。

そこで，社会科が安全教育で担っている役割や関連する指導内容を明らかにする方法として，まず，『学校安全資料「生きる力」をはぐくむ学校での安全教育』(2019)に示されている学校段階ごとの安全教育の目標と，社会科と関連する内容項目を確認する。次に，これらの内容項目について，小学校および中学校の『学習指導要領(平成29年告示)解説 社会編』(2017)をもとに，具体的な内容を確認し，第1章の表1-2に示している安全教育の領域内容「生活安全」「交通安全」「災害安全」との関連性を学校段階ごとに検討する。

5-2 学習指導要領にみる小学校社会科と安全教育との関連

本節では，小学校における社会科と安全教育との関連性をみていく。表5-1は，『学校安全資料「生きる力」をはぐくむ学校での安全教育』(2019)に示されている小学校の安全教育の目標と，社会科と関連する内容項目である。表5-2は，これらの内容項目に対応した『小学校学習指導要領(平成29年告示)解説 社会編』(2017)の「内容」および「内容の取扱い」に関する記述の要点を整理したものである。

a．3年生では，新学習指導要領において，これまで「地域社会における災害及び事故の防止」としていた内容を「地域の安全を守る働き」としている。この「地域の安全を守る働き」とは，消防署や警察署などの関係機関に従事する人々が相互に連携し，地域の人々と協力して，火災や事故などから

表5-1 小学校の安全教育の目標と社会科との関連

小学校の安全教育の目標
安全に行動することの大切さや，「生活安全」「交通安全」「災害安全」に関する様々な危険の要因や事故等の防止について理解し，日常生活における安全の状況を判断し進んで安全な行動ができるようにするとともに，周りの人の安全にも配慮できるようにする。また，簡単な応急手当ができるようにする。
教育課程における安全教育(社会科との関連)
第3学年「地域の安全を守る働き」 第4学年「人々の健康や生活環境を支える事業」「自然災害から人々を守る活動」 第5学年「我が国の国土の自然環境と国民生活との関連」 第6学年「国や地方公共団体の政治」

表 5-2　小学校社会科学習指導要領と安全教育との関連

学年	安全教育と関連する学習指導要領に示される内容等（○内容，●内容の取扱い）	
3年	(3) 地域の安全を守る働き	○　消防署や警察署などの関係機関は，地域の安全を守るために，相互に連携して緊急時に対処する体制をとっていることや，関係機関が地域の人々と協力して火災や事故などの防止に努めていることを理解する。 ●　「緊急時に対処する体制をとっていること」と「防止に努めていること」については，火災と事故はいずれも取り上げること。その際，どちらかに重点を置くなど効果的な指導を工夫をする。 ○　見学・調査したり地図などの資料で調べたりして，まとめる。 ○　施設・設備などの配置，緊急時への備えや対応などに着目して，関係機関や地域の人々の諸活動を捉え，相互の関連や従事する人々の働きを考え，表現する。 ●　社会生活を営む上で大切な法やきまりについて扱うとともに，地域や自分自身の安全を守るために自分たちにできることなどを考えたり選択・判断したりできるよう配慮する。
4年	(2) 人々の健康や生活環境を支える事業	○　飲料水，電気，ガスを供給する事業は，安全で安定的に供給できるよう進められていることや，地域の人々の健康な生活の維持と向上に役立っていることを理解する。
	(3) 自然災害から人々を守る活動	○　地域の関係機関や人々は，自然災害に対し，様々な協力をして対処してきたことや，今後想定される災害に対し，様々な備えをしていることを理解する。 ●　地震災害，津波災害，風水害，火山災害，雪害などの中から，過去に県内で発生したものを選択して取り上げる。 ●　「関係機関」については，県庁や市役所の働きなどを中心に取り上げ，防災情報の発信，避難体制の確保などの働き，自衛隊など国の機関との関わりを取り上げる。 ○　聞き取り調査をしたり地図や年表などの資料で調べたりして，まとめる。 ○　過去に発生した地域の自然災害，関係機関の協力などに着目して，災害から人々を守る活動を捉え，その働きを考え，表現すること。 ●　地域で起こり得る災害を想定し，日頃から必要な備えをするなど，自分たちにできることなどを考えたり選択・判断したりできるよう配慮する。
5年	(5) 我が国の国土の自然環境と国民生活との関連	○　自然災害は国土の自然条件などと関連して発生していることや，自然災害から国土を保全し国民生活を守るために国や県などが様々な対策や事業を進めていることを理解する。 ●　地震災害，津波災害，風水害，火山災害，雪害などを取り上げる。 ○　災害の種類や発生の位置や時期，防災対策などに着目して，国土の自然災害の状況を捉え，自然条件との関連を考え，表現する。
6年	国や地方公共団体の政治	●　「国や地方公共団体の政治」については，社会保障，自然災害からの復旧や復興，地域の開発や活性化などの取組の中から選択して取り上げる。

人々の安全を守る働きを指している。そして，「火災や事故」について「地域の人々の生命や財産を脅かす火災，交通事故や犯罪などの事故や事件である」と示している。

また，「内容の取扱い」として，「学習したことを基に，地域社会の一員として自分たちにも協力できることを考えたり，自分自身の安全を守るために日頃から心掛けるべきことを選択・判断したりして，それらを基に話し合うことなどが大切である」として，火事を引き起こさない生活の仕方や，事故を起こしたり事件に巻き込まれたりしない行動の仕方について討論したり，標語やポスターなどを作成したりする活動を例示している。

これらの内容は，第1章の表1-2に示す安全教育の領域「生活安全」の①日常生活の様々な場面における危険の理解と安全な行動の仕方，④学校や地域社会での犯罪被害の防止，⑥消防署や警察署など関係機関の働き，「交通安全」の⑩安全な交通社会づくりの重要性の理解と積極的な参加・協力，⑫消防署や警察署など関係機関の働き，「災害安全」の①火災発生時における危険の理解と安全な行動の仕方，⑫消防署など関係機関の働き，との関連が考えられる。

b．新学習指導要領において，4年生で特徴的なことは，これまで「地域社会における災害及び事故の防止」としていた内容を「自然災害から人々を守る活動」として，災害について独立させている点である。「自然災害から人々を守る活動」とは，県庁や市役所などの関係機関が相互に連携したり地域の人々と協力したりして，自然災害から人々の安全を守るために行っている活動を指している。そして，地域の関係機関や人々は，自然災害に対しさまざまな協力をして対処してきたことや，今後想定される災害に対しさまざまな備えをしていることを理解することなどを指導内容としている。

また，「内容の取扱い」として，自然災害は「過去に県内で発生した地震災害，津波災害，風水害，火山災害，雪害などの中から，選択して取り上げる」こととし，地域の関係機関や人々の協力活動などを中心に調べることが大切であるとしている。また，「関係機関」については，「県庁や市役所の働きなどを中心に取り上げ，防災情報の発信，避難体制の確保などの働き，自衛隊など国の機関との関わりを取り上げること」としている。さらに，「自分たちにできること」に関して，「日ごろから気象庁などからの情報や防災情報，地域の地理的環境などに関心をもち，災害が起きたときに自分自身の安全を守るための行動の仕方を考えたり，自分たちにできる自然災害への備えを選択・判断したりすることができるように指導することが大切である」と指摘している。

ｃ．５年生では，新学習指導要領において，「我が国の国土の自然環境と国民生活の関連」の内容として「自然災害は，国土の自然条件などと関連して発生していること」「国や県などが様々な対策や事業を進めていること」が記載されている。「自然災害は，国土の自然条件などと関連して発生していること」とは，「我が国では，国土の地形や気候などとの関係から地震災害，津波災害，風水害，火山災害，雪害などの様々な自然災害が起こりやすいこと，自然災害はこれまで度々発生しこれからも発生する可能性があることなどを基に，国土の自然災害の状況について理解すること」と説明している。また，「国や県などが様々な対策や事業を進めていること」とは，「国や県などは，砂防ダムや堤防，防潮堤の建設，津波避難場所の整備，ハザードマップの作成など，自然災害の種類や国土の地形や気候に応じた対策や事業を進めていることなどを基に，国土の自然災害への対策や事業について理解すること」としている。

さらに，「災害の種類や発生の位置や時期，防災対策などに着目して，国土の自然災害の状況を捉え，自然条件との関連を考え，表現すること」も新たに記載されている。この「自然条件との関連を考え，表現する」ことに関して，「自然災害が発生しやすい我が国においては，日頃から防災に関する情報に関心をもつなど，国民一人一人の防災意識を高めることが大切であることに気付くように配慮することが大切である」と指摘している。

また，「内容の取扱い」として，４年生の内容「自然災害から人々を守る活動」との違いに留意する必要があると指摘している。ここではその違いを，４年生では，県内で発生した自然災害を取り上げ，地域の関係機関や人々による災害への対処や備えを通して地域社会を理解すること，一方，５年生では，国土において発生するさまざまな自然災害を取り上げ，災害と国土の自然条件との関連を通して国土の地理的環境を理解することであると説明している。

d．6年生では，「国や地方公共団体の政治」について，「内容の取扱い」として，「社会保障，自然災害からの復旧や復興，地域の開発や活性化などの取組の中から選択して取り上げること」としている。ここでは，復旧や復興の取組みを取り上げる際，災害が発生したときに市役所，県庁が，自衛隊の派遣を要請するなど国と協力しながら救援活動を行うこと，災害復旧のために物流拠点を配置すること，さらに，長期的な視野にたって地域の再興に向けてさまざまな施策を実行していることなどを具体的に調べることが考えられると示している。

これらの4・5・6年生の一連の自然災害や防災に関する内容は，第1章の表1-2に示す安全教育の領域内容の「災害安全」の②③④災害発生時における危険の理解と安全な行動の仕方，⑥避難場所の役割についての理解，⑦災害に関する情報の活用や災害に対する備えについての理解，⑧地域の防災活動の理解と積極的な参加・協力，⑨災害時における心のケア，⑪防災情報の発信や避難体制の確保など，行政の働き等との関連が考えられる。

このように，小学校社会科では，安全教育の「災害安全」に関連した内容が充実している。それは，自然災害や，防災に取り組む人々の対策，工夫など基礎的な知識の学習である。また，安全や防災に関する知識の獲得だけでなく，「自分たちにできることなどを考える」「国民一人一人の防災意識を高める」など，社会参画の意識等の向上もめざしている。さらに，小学校社会科における安全教育は，まず，身近な地域の関係機関の働きや人々の努力や工夫を学び，次に国土において発生する自然災害や防災について学ぶ。そして，自然災害からの復旧や復興の観点から政治の役割を学んでいく。これらの学びは，「災害安全」や「生活安全」「交通安全」に関する関係機関の役割など，共助や公助についての学習であるとともに，そのなかで自分の命を守るためにできることを考える自助の学習を含んでいると考える。

5-3　学習指導要領にみる中学校社会科と安全教育との関連

本節では，中学校における社会科と安全教育との関連性をみていく。表5-3は，『学校安全資料「生きる力」をはぐくむ学校での安全教育』(2019)に示されている中学校の安全教育の目標と，社会科と関連する内容項目である。

表5-4は，これらの内容項目に対応した『中学校学習指導要領(平成29年告示)解説　社会編』(2017)の「内容」および「内容の取扱い」に関する記述の要点を整理したものである。

表5-3　中学校の安全教育の目標と社会科との関連

中学校の安全教育の目標
地域の安全上の課題を踏まえ，交通事故や犯罪等の実情，災害発生のメカニズムの基礎や様々な地域の災害事例，日常の備えや災害時の助け合いの大切さを理解し，日常生活における危険を予測し自他の安全のために主体的に行動できるようにするとともに，地域の安全にも貢献できるようにする。また，心肺蘇生等の応急手当ができるようにする。
教育課程における安全教育(社会科との関連)
地理的分野「日本の地形や気候の特色，海洋に囲まれた日本の国土の特色，自然災害と防災への取組などを基に，日本の自然環境に関する特色を理解すること」 公民的分野「防災情報の発信・活用などの具体的事例を取り上げること」

表5-4　中学校社会科学習指導要領と安全教育との関連

分野	安全教育と関連する学習指導要領に示される内容等(○内容，●内容の取扱い)	
地理	C　日本の様々な地域	(1)　地域調査の手法 ●　地域調査に当たっては，対象地域は学校周辺とし，主題は学校所在地の事情を踏まえて，防災，人口の偏在，産業の変容，交通の発達などの事象から適切に設定し，観察や調査を指導計画に位置付けて実施する。 ●　課題の追究に当たり，例えば，防災に関わり危険を予測したり，人口の偏在に関わり人口 動態を推測したりする際には，縮尺の大きな地図や統計その他の資料を含む地理空間情報を適切に取り扱い，その活用の技能を高めるようにする。 ○　地域調査において，対象となる場所の特徴などに着目して，適切な主題や調査，まとめとなるように，調査の手法やその結果を多面的・多角的に考察し，表現する。 (2)　日本の地域的特色と地域区分 ○　日本の地形や気候の特色，海洋に囲まれた日本の国土の特色，自然災害と防災への取組などを基に，日本の自然環境に関する特色を理解する。
公民	A　私たちと現代社会	(1)　私たちが生きる現代社会と文化の特色 ●「情報化」については，人工知能の急速な進化などによる産業や社会の構造的な変化などと関連付けたり，災害時における防災情報の発信・活用などの具体的事例を取り上げたりする。

a．新学習指導要領では，地理的分野の改訂の要点の一つとして，「日本の様々な地域の学習における防災学習の重視」をあげている。ここでは，「平成20年改訂以降，未曽有の災害である東日本大震災を経て，なお継続する地震被害，さらに全国各地で生起する台風や集中豪雨等による河川の決壊，土砂崩れなど，頻発する自然災害に対応した人々の暮らしの在り方を考えることは，我が国で生活する全ての人々にとって欠くことのできない「生きる力」である。」と説明している。具体的には，大項目「C 日本の様々な地域の学習」において，4つの中項目を通して，「我が国の自然災害や防災の実態などを踏まえた学習が可能となるように，適宜，自然災害やそこでの防災の事例が取り上げられるような構成」にしたという趣旨が述べられている。

中項目「(1) 地域調査の手法」は，学校周辺の地域の地理的な事象を学習対象としている。そのため，実際に校外に出かけて観察や野外調査をするなど具体的な体験をともなう学習を通して手法について理解し，地理的技能を身に付けることが大切であると説明している。そして，学校周辺地域の観察や調査活動は，年間計画のなかで弾力的に実施できるようにするとしている。また，各学校での教育課程の工夫として，特別活動における地域と連携した防災訓練と関連づけて，生徒が実際に避難する経路や，経路上の地形や危険な箇所，避難に適した場所を地図に表す活動を例示している。

さらに，「学校周辺の地域で，人々が自然災害から身を守るにはどうしたらよいか」といった課題意識に基づいて主題設定し，地域の地理的課題として，地震にともなう津波や火災を想定した場合の学習展開例を提示している。具体的には，「自治体によるハザードマップや文献調査とともに，浸水や土砂崩れ等の危険がある場所，避難場所の位置やその標高，避難経路の安全性などを調査項目として観察や調査する活動」や「生徒が調べたことをベースマップに記入し，地域の災害時における危険性や安全に避難するために必要な情報を地図等に表し作成する活動」などを位置づけた学習展開である。

中項目「(2) 日本の地域的特色と地域区分」では，内容として「自然災害と防災への取組などを基に，日本の自然環境に関する特色を理解すること」が記載されている。ここでは，「我が国の地形や気候と関連する自然災害と防災への取組を取り上げることで，日本全体の視野から日本の自然環境を大きく捉えることを意味している」とし，大規模な地震や全国各地に被害をもたらす台風など，多様な自然災害の発生しやすい地域が多く，早くから防災対策に努めてきた程度の内容を取り扱うと説明している。また，災害時の対応や復旧，復興を見据えた視点も大切であるとし，消防，警察，海上保安庁，自衛隊等国や地方公共団体の諸機関や担当部局，地域の人々やボランティアなどが連携して，災害情報の提供，被災者への救援や救助，緊急避難場所の設営などを行い，地域の人々の生命や安全の確保のために活動していることなどにもふれることが必要であると説明している。なお，中項目「(3) 日本の諸地域」「(4) 地域の在り方」でも，事例対象として生徒の生活圏における自然災害や防災を取り上げ，学習を深めることが可能となるよう意図されている。

b．公民的分野は，中項目「(1) 私たちが生きる現代社会と文化の特色」で，内容の取扱いとして，「災害時における防災情報の発信・活用などの具体的事例を取り上げる」ことを示している。

これらの地理的分野や公民的分野の内容は，第1章の表1-2に示す安全教育の領域内容の「災害安全」の②③④災害発生時における危険の理解と安全な行動の仕方，⑥避難場所の役割についての理解，⑦災害に関する情報の活用や災害に対する備えについての理解，⑧地域の防災活動の理解と積極的な参加・協力，⑪防災情報の発信や避難体制の確保など，行政の働き等との関連が考えられる。

このように，中学校社会科学習指導要領では，地理的分野の改訂の要点の一つとして「防災学習」を掲げるなど，安全教育に関しては，「災害安全」に関連した内容が充実している。そして，「C 日本の様々な地域」では，4つの中項目を通して，自然災害や防災の実態などをふまえた学習が可能となるように適宜，事例が取り上げられる構成になっている。また，「日本全体としての自然環境，自然災害，防災の取組の概観」「地域レベルでのそれらの具体的な特色」「生徒の生活圏における自然災害や防災」を取り上げ，学習を深めることが可能となるよう意図されている。ここでは，地域の実態に即した具体的事例の学習を重視するとともに，防災に関する体系的な学習を実施していることがわかる。

さらに，安全教育とのかかわりとして自助，共助，公助の視点をふまえ，災害や防災に関する知識の獲得や，その知識を活用して防災にかかわり，身を守る方法を考える，危険を予測するなど，多面的・多角的に考察する思考・判断力の育成，そして，地域社会の防災活動等に参画する態度の育成をめざしている。

なお，『高等学校学習指導要領(平成30年告示)解説 地理歴史編』(2018)によると，地理総合が「自然災害と防災」に関する教科として中核となっている。地理総合は，知識・技能を活用する課題解決型，地理的な見方・考え方を重視した科目である。生徒の生活圏でみられる自然災害に着目し，自らの課題として考えを深化させるような問いを立てて，自然災害への備えや対応などを多面的・多角的に考察し，表現する学習を展開することなどが示されている。

5-4 社会科における安全教育

このように，小学校や中学校の社会科の学習指導要領を安全教育に着目して検討すると，小学校3年生で,「生活安全」や「交通安全」と関連した「地域の安全を守る働き」について学習するが，4年生以降は，中学校，高校でも「災害安全」と関連する「自然災害や防災」に関する内容が重点的な指導内容となり，系統的・体系的に進められている。

実際に社会科教育において，これまで防災教育の視点を中心に多くの授業実践が積み重ねられている。そのなかでは，たとえば,「なぜ逃げるのか」「どうして危険なのか」「どのように守る工夫をしているのか」等を科学的に学ぶための教材化の視点が授業実践において重視されてきた(三橋 2013)。また，災害がどういった地形の土地に襲いかかり，どのような被害を私たちのくらしや町に及ぼすのか，地理的想像力(Geographical Imagination)の育成を重視した授業実践もある(寺本 2013)。さらに，想定にとらわれないように，ハザードマップを科学的根拠に基づき批判的に検討する授業実践などもある。

東日本大震災による宮城県石巻市立大川小学校の被災は，安全教育の在り方を改めて考える機会となった。高裁判決では，校長等学校に対して，地域住民が有していた平均的な防災対策の知識や経験よりも，はるかに高いレベルでなければならないと判示している*)。児童生徒の命を守るには，安全管理の面だけでなく，安全教育においても科学的な知見は不可欠である。しかし，学校・教師の学校安全に関する専門性には限界がある。そこで，社会科における安全教育の実践例として，専門家と連携した取り組みを紹介する。

5-5　社会科における安全教育の実際

5-5-1　実践例：4年生社会科「災害からくらしを守る」

本授業は，4年生社会科における安全教育の「災害安全」に関する実践である。ここでは，鹿児島県A市立B小学校での授業実践を，安全教育の視点から再構成した授業構想として紹介する。

鹿児島県は，全国有数の多雨地帯であるとともに，県本土の大半がシラス台地に覆われ，毎年のように崖崩れや土石流などの災害に見舞われている。そこにくらす人々にとって，安全教育，防災教育の推進は喫緊の課題でもある。「NPO法人まちづくり地域フォーラム・かごしま探検の会」は，歴史学・地理学およびその関連諸科学的な立場から，鹿児島の発展に貢献する事業を行っている。過去に「地質から学ぶ甲突川の防災マップ作成&見て歩きワークショップ開催」を進めるなど，防災に関しても専門的な知見をもっている。そこで，社会科で地域の災害・防災について授業をつくる際に，本NPO法人と連携し**)，以下のような学習展開（全9時間）を構築した。

【①過去の災害を確認し，実際にまちで調査・観察する】(2時間)　過去に地域で起きた災害について学習し，そのあと実際にまちに出て，自然環境やそれにあわせた社会環境，特に指定避難場所の位置などを調べる。

【②風水害からくらしを守る工夫を調べる活動】(4時間)　防災活動にかかわる公共機関など諸機関や地域の人々の活動の工夫や努力を調べる。

【③自分にできることを考える活動】(1時間)　風水害からくらしを守るための工夫を整理し，自分にできることを考える。

---

*）　2019年10月10日最高裁上告棄却，仙台高裁判決確定。仙台高裁では，「校長等が公教育を円滑に運営するための安全確保義務を履行するために必要とされる知識及び経験は，地域住民が有していた平均的な知識及び経験よりも遙かに高いレベルのものでなければならない」と判示している（判例時報2387号）。この判決に対してマスメディアで批判的な意見も取り上げていた。しかし，今後，教育現場での防災対策に多大な影響を与えていくと思われる。

**）　NPO法人まちづくり地域フォーラム・かごしま探検の会（東川隆太郎代表理事）。ワークショップは，防災教育チャレンジプランに実践団体報告（2005年）として紹介されている。http://www.bosai-study.net/top.html

＜本時の展開例(2／9)＞

(1)　本時の目標

・自分たちが住んでいる地域の風水害の備えについて調べるための学習問題をつくり，自分なりの問いをもたせ，学習意欲を高める。

(2)　本時の実際

過程	主な学習活動	指導上の留意点
導入5分	1．前時の学習を振り返り，本時のめあてを確認する。 ［実際にまちに出て，大雨でどんな災害が起きるのか考えよう。］	○前時に学んだ，以前の水害の事実を想起させ，「いま，目の前にある穏やかな川は，大雨が降るとどうなるのか。」という問題意識を高める。 ○本時の学習の進め方や校外学習での注意事項等を確認する。
展開30分	2．川や土地の様子を観察する。 ・川の水面と橋の差や，川の水面と平行して走る道路の高低差を測定する。 ・川が蛇行する地点で内側と外側の流れる速さを観察する。 ・土地の様子として地質を観察する。 3．指定避難所の位置を確認する。 ・「逃げるのならこの道路は使わない」 ・「まちの人の安全を守る人なら，○○をパトロールする」	○道路と川の水面の高低差や位置関係に着目させる。そして，川の水が氾濫する可能性や，道路に氾濫した場合どうなるのか想像させ，かつての大雨では，道路自体が川と化したことを告げる。 ○大雨で川が氾濫すると，内側と外側どちらが危険地帯であるか予想させ，実際の住居の分布状況を確認する。 ○実際に手に触れることで，意外と崩れやすい地質であることを実感させる。 ○指定避難所に避難することを想定して川の地形や周りの土地の様子をふまえ，安全に避難するならどのルートを選ぶのか考えさせる。
終末10分	4．本時のまとめをする。 ［いま穏やかに見えても，大雨が降ると，川が氾濫して洪水が起きたり，崖崩れが起きたりする可能性がある。］ 5．単元の学習問題をつくる。 ［水害からくらしを守るために，市や地域の人々は，どのようなことをしているのでしょうか。］	○本単元の学習問題をもとに，調べてみたいことを考えさせる。 ・過去の災害の様子 ・防災計画，市や地域の人々の取組み ・自分はどうしたらいいのか　など ＜安全教育との関連＞ ④風水害等の気象災害および土砂災害発生時における危険の理解と安全な行動の仕方 ⑥避難場所の役割についての理解 ⑧地域の防災活動の理解と積極的な参加 ⑪防災情報の発信や避難体制の確保など，行政の働き　など

【④防災マップを作成し，発信する活動】(2時間)　調べた結果(災害からくらしを守る活動やまちの観察等)を防災マップとしてまとめ，自分にできることなどを発信する。

本時は，自分たちが住んでいる地域の風水害の備えについて調べるための学習問題をつくり，自分なりの問いをもたせ，学習意欲を高めることを目標としている。そのために，前時で過去に起きた災害について学習した後，本時で実際にまちに出て，自然環境や，それにあわせた住居，公共施設，また指定避難所など社会環境を調査・観察する活動を設定する。ここでは，まず過去に氾濫した川の水面と道路の高低差や位置関係に着目させながら観察をし，いま穏やかなこの川が大雨でどうなるのか想像させる。また，道路や住宅の周りの地質にも着目させ，実際に手に触れることで，意外と崩れやすい地質であることを実感させる。

このような活動を通して，児童に「災害は過去のものではない。また起きるかもしれない。それに備えてくらしを守るためにどのようなことをしているのか。」という問題意識をもたせることができるのではないかと考える。

5-5-2　実践例：3年生社会科「地域の安全を守る働き」

「生活安全」に関連した安全教育を実施するにあたって，専門家の知見と連携した授業実践を紹介する。新潟県D市立C小学校が「文部科学省委託学校安全推進事業」の指定を受けた取組みで，「犯罪機会論」をもとにした小宮信夫の発案した授業プログラムである*)。この理論は，犯罪の原因として人に求める「犯罪原因論」とは異なり，犯罪は機会を得て実行されるものであり，発生要因は「犯罪が発生した環境(場所)にある」とするものである。

具体的には，以下のような学習展開(全8時間)である。

【①危険な場所の把握】(1時間)　犯罪から身を守るには，怪しい人(不審な人)ではなく，犯罪が起こりそうな場所(景色)に注目することを理解する。

【②フィールドワーク】(2時間)　犯罪者が好む「入りやすく」「見えにくい」景色(場所)をキーワードに，実際に地域に出てフィールドワークを実施し，危険な場所を調査する。

---

*)　令和元年度文部科学省委託「学校安全総合支援事業」(新潟県)には，小宮信夫氏とともに筆者も推進委員の一人として参画している。

【③地域安全マップの作成】(4時間)　調べた結果について「入りやすく」「見えにくい」景色(場所)がわかるように，地域安全マップとして整理する。

【④発表・交流・対話】(1時間)　学級や学校内だけでなく，地域の人を招くなどして，作成した地域安全マップを示しながら，わかったことや考えたことなどを発信し，交流・対話する。

このC小学校では総合的な学習の時間で取り組んでいたが，社会科の「地域の安全を守る働き」での活用も可能である。たとえば，単元の導入段階で，単元の学習問題を設定するための活動として，地域のイラストマップを見ながら，危険な場所を発表し合う活動を設定する。その際に，犯罪者を含め誰もが「入りやすい場所」，誰からも犯行が「見えにくい場所」が危険であることを児童に理解させることが可能である。また，実際に，警察や地域の人々の活動を調査する際に，地域の安全を守るために，犯罪者が好む「入りやすく」「見えにくい」場所をどのようにしているのか調べる活動を取り入れることも可能である。さらに，単元のまとめの段階で，事件の発生しやすい場所などについて「地域安全マップ」にまとめ，安全なくらし方や自分にできることなどを話し合う活動を取り入れることが可能である。その際に，景色(場所)がはらむ危険性に気づかせるために，イラストではなく，「入りやすく」「見えにくい」場所がわかる写真を活用した「地域安全マップ」を作成することが大切である。

【C小学校での地域安全マップの実際(新潟県教育委員会提供)】

おわりに

本章では，安全教育の各領域内容と社会科における指導内容との関連性や，安全教育に関し社会科が担うべき役割について検討した。その結果，小学校3年生では「生活安全」や「交通安全」と関連した社会科の指導内容が，4年生以降は「災害安全」に関連した指導内容が充実していることがわかった。

また，社会科が安全教育で担っている役割としては，自助，共助，公助の視点をふまえ，まず，事故や災害，防災に関する知識が系統的に獲得できるよう位置づけられていることである。次に，それらの知識を活用して安全にかかわり，身を守る方法を考える，危険を予測するなど，多面的・多角的に考察する思考・判断力を育成すること，さらに，地域社会の防災活動等に参画する態度を育成することが，社会科が担う役割として理解されよう。

安全教育は，児童生徒の命を守る教育である。今後，それぞれの教科等の特色を活かしながら，教育実践がますます広がり，深まることが期待される。

参考文献

文部科学省(2019)，学校安全資料「生きる力」をはぐくむ学校での安全教育
文部科学省(2019)，小学校学習指導要領(平成29年告示)解説 社会編
文部科学省(2019)，中学校学習指導要領(平成29年告示)解説 社会編
文部科学省(2019)，小学校学習指導要領(平成29年告示)解説 総則編
寺本 潔(2013)，社会科が担う防災意識の形成と減災社会の構築(pp.48-57) 「社会科教育研究」No.119
三橋浩志(2013)，社会科教育における防災教育研究の動向—東日本大震災後の学会誌論文等を中心に—(pp.100-110) 「社会科教育研究」No.119
蜂須賀洋一(2005)，比較する力をつける発展学習の指導のポイント(pp.86-87) 「社会科教育」10月号 明治図書
小宮信夫(2006)，犯罪に強いまちづくりの理論と実践—地域安全マップの正しいつくり方 自治体議会政策学会叢書
新潟県教育委員会(2020)，令和元年度文部科学省委託学校安全総合支援事業報告書

6章

理科における安全教育

理科における安全教育では，安全にかかわる資質・能力の育成を，理科教育の目標に沿って，同時かつ効果的に実施したい。具体的には，理科の見方・考え方をはたらかせて，安全に対して科学的に向き合う資質・能力の育成をめざすことを意識したい。安全教育にかかわる理科の学習内容としては，直接的には自然災害を扱ったり，間接的にもさまざまな危険を引き起こす現象の原理を学んだりする。また，学習方法には，実験・実習といった，学校・教師はもちろん児童生徒自身が安全管理を，特に徹底すべき活動が含まれている。そういった，理科教育の内容や方法の各所で，理科の見方・考え方を軸に，理由や原理の理解に基づいた安全教育を行うとよいだろう。安全に対して，科学的にしっかりと思考し，判断する機会を設けることで，理科以外でも通用する汎用的な力を身に付けさせることが重要である。また，生活する地域に関係する自然災害などと関連づけた学習を積極的に取り入れて，安全について主体的に学ぶことで，具体的かつ実効性のある安全教育を行いたい。

6-1　理科教育における安全教育の位置づけ

教育課程における安全教育は，「教科横断的な視点で編成されることが重要」(文部科学省 2019)とされており，理科においても，各教科等の安全教育とつながりを意識したうえで実施されることが望ましい。たとえば「防災」に関しては，

「社会科で地域の地形の特徴や過去の自然災害について学び，理科で自然災害につながる自然の事物・現象の働きや規則性などを学んだりしたことを生かしながら，特別活動で災害に対してどのように身を守ったらよいのか，実際に訓練しながら学ぶ。こうしたことを通して，各教科等

で学んだ知識や技能などの資質・能力が，実生活において統合的で汎用的に活用可能なものとなっていく」(文部科学省 2019)

とされている。したがって，教科横断的かつ系統的に，安全に関する見方・考え方を育成していくなかでの理科の役割を意識することが重要である。それは，安全にかかわる自然の事物・現象について，その仕組みをしっかりと理解し，その理解に基づいて科学的に考えられる力を育成するということであり，原則は普段の理科の授業と基本的な考え方と変わらない。また，そのような発想で理科における安全教育を行うことで，児童生徒にとって違和感なく，理科教育と安全教育を有機的に実施することができる。

6-2 理科教育における学校安全計画および学校の危機管理における安全教育

理科における学校安全計画は，他教科と同様に，年間授業計画に沿って，どの時期に何を学ぶのかの計画を整理する。たとえば小学校では，理科が始まる第3学年の4月や，中学校では第1学年の4月に，理科室を使ううえでのルールについて指導する。その後，時系列(月ごと等)に，各単元で登場する自然災害等安全にかかわる内容項目や，器具類についての安全な扱い等を整理し，他教科の安全計画とともに，学校全体で把握するとよい。

理科にかかわる安全管理の対象としては，対人管理として，主に実験や実習における，児童生徒の「心身の安全管理」「生活や行動の安全管理」を考える。そして，対物管理としては，主に理科室や準備室環境の安全管理を考えることが必要となる。これについては，一般教室に準じる部分はもちろん，加えて理科室特有の安全管理が必要となり，施設・設備や薬品等による事故を防ぐために，その取扱いには十分に注意する必要がある。具体的には，薬品の保管・管理方法，電源・ガスなどの安全装置の作動性，危険標識等の整備，刃物類の管理，出入口の施錠などに万全な危機管理が求められる。

対策を立てるにあたっては，事前の危険予測に基づく対策(リスクマネジメント)，事故発生時に必要な対策・事後の復帰や検証のための対策(クライシスマネジメント)を，それぞれ意識する必要がある。事故を未然に防いだり，あるいは最小限にしたりするためには，事前や発生時の対策が重要なことはいうまでもないが，その分見落とされがちになるのが，事後の対策である。

たとえばある学校の事例では，理科準備室の薬品保管庫の管理物を記録したファイルを薬品庫近くに設置していた。これは，事前の対策としては，その場で適宜記入でき，管理を徹底する意味で一定の合理性はあった。しかし，理科準備室での火災発生時に焼失し，薬品庫の中身について，後日の検証には使えなかった。もちろん，すべての事態を想定することは不可能である。したがって，このような事例を広く共有し，対策を改善し続けていくことが大切であろう。

また，理科室は一般教室に対応して特殊教室などとよばれるが，他の特殊教室には，たとえば，技術室，家庭科室，美術室，パソコンルーム，保健室等が含まれている。ここで，各特殊教室における安全計画や対策について，可能な範囲で共通化しておくとよい。なるべく汎用的で共通化されたルールは，担当者以外の教職員の共通理解を促進できるだけでなく，児童生徒も含めて学校全体で共有されやすく，効果的な安全管理につながる。

6-3　理科教育における安全教育の意義と目標

理科教育における安全教育の意義と目標を考えるにあたり，改めて，理科の各指導要領の目標部分について確認する。新学習指導要領(平成29年告示)における目標は，各教科共通で，(1)「知識・技能」，(2)「思考力・判断力・表現力等」，(3)「学びに向かう力・人間性等」の3つの柱に沿って示されている(＿部筆者)。

小学校理科の目標

自然に親しみ，理科の見方・考え方を働かせ，見通しをもって観察，実験を行うことなどを通して，自然の事物・現象についての問題を科学的に解決するために必要な資質・能力を次のとおり育成することを目指す。

(1)　自然の事物・現象についての理解を図り，観察，実験などに関する基本的な技能を身に付けるようにする。
(2)　観察，実験などを行い，問題解決の力を養う。
(3)　自然を愛する心情や主体的に問題解決しようとする態度を養う。

中学校理科の目標

> 自然の事物・現象に関わり，理科の見方・考え方を働かせ，見通しをもって観察，実験を行うことなどを通して，自然の事物・現象を科学的に探究するために必要な資質・能力を次のとおり育成することを目指す。
> （1） 自然の事物・現象についての理解を深め，科学的に探究するために必要な観察，実験などに関する基本的な技能を身に付けるようにする。
> （2） 観察，実験などを行い，科学的に探究する力を養う。
> （3） 自然の事物・現象に進んで関わり，科学的に探究しようとする態度を養う。

小学校，中学校とも一貫して，理科の見方・考え方をはたらかせ，自然の問題に対して，科学的に向き合い解決する資質・能力を育成することをめざしている。したがって，理科教育における安全教育の意義や目標も，安全の問題に対して，科学的に解決する資質・能力を育成するととらえるとよいだろう。理科の見方を生かすと，たとえば，小学校理科でいえば，日常的な危険においては，エネルギー領域での見方「量的・関係的な視点」でそのリスクの度合いや因果関係などをとらえたり，自然災害のような現象は，地球領域での見方「時間的・空間的な視点」でとらえたりすることができる。そのうえで，理科の考え方である問題解決法(比較，関係づけ，条件制御，多面的思考など)によって，科学的な結論を導くことができる。このように安全にかかわる現象，自然災害の仕組みをしっかりと理解したうえで，その対応・対策について，理にかなった方法や最適な方法を導ける力を育成することが，理科教育における安全教育であると考えることができる。したがって，指導の場面では，なぜそうなっているのか，どうしてそのようにするのか，までを説明したり考えたりすることが大切である。

現象の原理や対策の理由を理解するということは，安全に対して汎用的な力を育成することにつながる。個別の事故や災害に対して，全パターンを網羅して教えることは，現実的には不可能である。したがって，原理に基づく対策を立てておくことは，さまざまな事態に対して広範囲に適用できる可能性が高く，想定外の範囲を狭くできる。そのうえで，想定外の事態が生じて，臨機応変に対応せざるをえない場合でも，短時間で最適な方法を選択する判断材料として，現象の正しい理解は助けになる。また，理科以外，たとえば社会科で社会や地域の防災計画等を扱った際も，その理解が深まるとともに，是非について客観的に考え，議論することができるだろう。

6-4　理科教育における安全教育の内容

小学校理科の学習内容において，安全教育にかかわる内容は，たとえば，第４学年「B（3）雨水の行方と地面の様子」，第５学年「B（3）流れる水の働きと土地の変化」，「B（4）天気の変化」，第６学年「B（4）土地のつくりと変化」等である。以下は，学習指導要領の自然災害にかかわる内容と，学習指導要領解説 理科編(2017a)における災害に関する言及を整理したものである。

小学校理科(B 生命・地球)の自然災害に関連する内容と学習指導要領解説の言及

[第４学年]
（３） 雨水の行方と地面の様子
・学習指導要領解説：日常生活との関連や排水の仕組みに生かされたこと，雨水が川へ流れこむことに触れて自然災害との関連付けること。

[第５学年]
（３） 流れる水の働きと土地の変化
・学習指導要領解説：長雨や集中豪雨がもたらす川の増水による自然災害に触れること。第４学年の「雨水の行方と地面の様子」の学習との関連を図ること。
（４） 天気の変化
・学習指導要領解説：長雨や集中豪雨，台風などの気象情報から自然災害に触れること。

[第６学年]
（４） 土地のつくりと変化
・学習指導要領解説：火山噴火や地震がもたらす自然災害に触れるようにすること。

次に，中学校理科の学習内容において，安全教育にかかわる内容は，たとえば，第２分野において，「大地の成り立ちと変化」で「自然の恵みと火山災害・地震災害」を，「気象とその変化」で「自然の恵みと気象災害」等である。以下は，学習指導要領の自然災害にかかわる内容と，学習指導要領解説 理科編(2017b)における災害に関する言及を整理したものである。

中学校理科(第２分野)の自然災害に関連する内容と学習指導要領解説の言及

[第１学年]
（２）　大地の成り立ちと変化
（ア）　身近な地形や地層，岩石の観察
・学習指導要領解説：各学校の実態に応じて身近な地形や地層，岩石などを観察する。
（イ）　地層の重なりと過去の様子
・学習指導要領解説：断層や褶曲は，大地の変動と関連付けて触れる。
（ウ）　火山と地震
ア　火山活動と火成岩
・学習指導要領解説：粘性の違いにより噴火の様子や火山噴出物の様子も異なることを理解させる。火山噴出物については溶岩や軽石，火山灰などの色や形状と比較しながら観察し，マグマの性質と関連付ける。
イ　地震の伝わり方と地球内部の働き
・学習指導要領解説：地震についての体験や地震計の記録，過去の地震の資料などを基に，その揺れの大きさや伝わり方の規則性に気付かせるとともに，地震の原因をプレートの動きと関連付けて理解させ，地震に伴う土地の変化の様子を理解させる。
（エ）　自然の恵みと火山災害・地震災害
・学習指導要領解説：自然は，美しい景観，住みよい環境などの恩恵もたらしていることを調べさせ，自然が人々の豊かな生活に寄与している。資料などを基に，火山活動や地震による災害を調べさせ，火山活動や地震発生の仕組みと関連づける。自然の恵み及び火山災害と地震災害を調べる場合は，大学などの防災研究機関，気象庁や地方の気象台などからの情報入手することが考えられる。図書館，博物館，科学館，ジオパークなどを利用したり，空中写真や衛星画像，情報通信ネットワークを通じて得られる多様な情報を活用したり考えられる。

[第２学年]
（４）　気象とその変化
（エ）　自然の恵みと気象災害
・学習指導要領解説：被害をもたらした過去の台風の特徴を取り上げるとともに，台風の進路に基づく強風や高潮などによる災害の発生した状況を整理させる学習が考えられる。

[第３学年]
（７）　自然と人間
（ア）　生物と環境

ウ　地域の自然災害 ・学習指導要領解説：地域の自然災害を調べ，大地の変化の特徴を理解し，自然を多面的に，総合的に捉え，自然と人間との関わり方について，科学的に考察して判断する能力や態度を身につけさせる。

新学習指導要領の自然災害については，これまで第３学年だけであったものが全学年で学習することになった。その他，改善・充実した例は，放射線に関する内容が，第３学年に加えて，第２学年においても学習することになっている。

自然災害は，地域によって特に注意すべきものが異なるため，学習指導要領に記され教科書で扱われる一般的な内容に加えて，安全教育の視点で考えると，各地域に合わせた場所や危険と関連づけて扱うことが重要である。身近で優先度の高い危険箇所や特性をしっかりと扱うことで，児童生徒はより具体的なイメージをもつことができるだろう。自分に直接的にかかわる内容であるほど，主体的に学ぶという意味でも，理科教育・安全教育両面で効果的である。

6-5　理科教育における安全教育の指導の工夫

安全教育の効果を高めるためには，

「危険予測の演習，視聴覚教材や資料の活用，地域や校内の安全マップづくり，学外の専門家による指導，避難訓練や応急手当のような実習，ロールプレイング等，様々な手法を適宜取り入れ，児童生徒等が安全上の課題について自ら考え主体的な行動につながるような工夫が必要である」（文部科学省 2019）

とされている。以下，この視点にあわせて，理科教育での工夫にあてはめて考えてみる。

6-5-1　危険予測の演習

理科室での一般的な事故等に対する対応や，避難の手順を確認することは重要であり，理科室を使う最初の段階でルールを徹底することが必要である。

ただ，それだけでは具体性に欠けると同時にリアリティを感じづらい。そこで，実験時の開始直前に，予測される危険について児童生徒自らに考えさせる時間をもつとよい。このような活動は，KYT(危険予知トレーニング)とよばれる。活動の際は，事前の予測や回避方法だけでなく，もし起こった場合について具体的に考えさせて，対処行動まで実際にやるとよい。たとえば，服に火がついた，薬品が目に入った，指を切った，ビーカーが倒れた等，生じうる危険について例をあげさせて(場合によっては教師が追加)，その事態についての対応を実際にシミュレーションさせる。毎回短時間でかまわないので，こういったシミュレーションを重ねていくことで，とっさのときに行動に移せる実効性の高い安全教育となる。教師の指示を待たずに，自分の身を自分で守るために，即座に行動する意識やトレーニングが重要である。

具体的な教材例としては，実験室のイラストを見ながら，危険箇所をみつけるといった学習活動が考えられる(図 6-1)。これは，たとえば実験室での一般的な危険箇所を想定したりすることに活用できる。一方で，個別の実験課題ごとに危険箇所をみつけるような活動がしたい場合は，すべての実験についてイラストを用意するのは現実的に難しいこともある。その場合，写真

図 6-1　危険箇所を探すイラスト教材(出典：北海道立教育研究所附属理科教育センター HP から許可を得て転載)

を活用してもよい。前年度や他のクラスの実際の実験風景を蓄積したり共有したりしたものをもとに危険箇所を探す活動を行うことで，児童生徒が実際に使う実験室について具体的に危険予測することができる。(章末に学習指導案例とワークシート例を掲載する。)

6-5-2　視聴覚教材や資料の活用

簡単には再現や経験が難しい災害や事故等については，視聴覚教材や関連資料を積極的に活用したい。多様な資料で具体的な危険イメージをすることが，児童生徒それぞれの思考や判断の材料になる。視覚的な情報は印象に残りやすく，実際に起こるという事実と，起こった際にはどのような状況になるのかを把握することを助ける。安全教育は，その実効性にこそ意義があるので，児童生徒に，自分がその状況となった場合について考えさせることを意識させたい。

教材例としては，NHK for School のホームページには「学ぼう BOSAI」の番組情報が掲載され，10 分間に統一された主に自然災害等の映像教材が利用できる。気象庁のホームページにも，大雨や雷，津波などの映像教材(アニメーションを含む)が豊富で，関連した学習指導案や資料もダウンロードできる。さらに，日本気象協会制作のオリジナルアニメーション「わかりやすい気象現象と災害」シリーズは YouTube で公開されおり，気象現象や地震などを親しみやすいキャラクターが紹介している(本作品は，文部科学省選定を受けている)。

6-5-3　地域や校内の安全マップづくり

地域の安全マップについては，各地域特有の自然災害を扱うとともに，各地域で入手できるハザードマップ等を参考に，具体的な危険性とその対策について正しい知識を伝えたい。

具体的な学習活動として，地域の安全マップを作る場合，特別活動等と連携して，通学路や生活圏の交通安全，犯罪等の危険箇所の確認に加えて，自然災害時の危険も加えて探す活動としたい。たとえば，用水路や川の増水，枝の落下や倒木の危険，視界不良による交通事故の危険，地震時の壁や家屋の倒壊など，普段使っている通学路が，季節や天候そして自然災害よって必ずしも安全とは限らない状況になることを予想しなくてはならない。しかも，学校外での緊急時は，学校等からの指示は期待できないため，自分自身で判断する必要がでてくることを意識させる指導が必要だろう。

また，教室で行う安全マップの活動では，たとえば，静岡県地震防災センターのホームページで紹介されている，「DIG」(ディグ)などがある。これは，地図を使って防災対策を検討するゲームである。自分たちが暮らす地域の地図を用いて，具体的に危険や注意を書き込みながら，グループで対話的に学ぶことができる。実施方法にも自由度が高いので，クラスの状況に応じて活用するとよいだろう。また，先述の「BOSAI」などでは，具体的な指導案等も紹介されていて，活用することもできる。

他にも，地域と密接にかかわる防災教育は，持続可能な社会と関連させて学ぶ工夫も考えられる。たとえば，持続可能な開発のための教育(ESD)と関連させた学習活動を通じて，持続可能な開発目標(SDGs)等を扱う実践例も増えている。SDGs教材には，近年さまざまなものが登場しており，たとえば，JICAホームページの「JICA 地球ひろば」や金沢工業大学SDGs推進センターでは，ダウンロードして使える資料が提供されている。カードゲームやサイコロといったシンプルなものもあり，工夫次第でさまざまな使い方ができる。

6-5-4 学外の専門家による指導

理科教育における専門家の指導という観点からは，自然災害に関する科学的な専門家が頼りになる。たとえば，気象に関する専門家である気象予報士には，気象に関する安全教育・啓蒙活動に積極的な人が多い。彼らは，日常的に業務やボランティアを通じて一般の人々に具体的かつわかりやすく気象の情報を伝える活動に慣れている。多くの気象予報士が所属する日本気象予報士会(http://www.yoho.jp/)には，各地域に支部があるので相談してもよいだろう。また，気象庁の地方気象台には，小中学生向けの学習プログラムを提供しているところもある。

6-5-5 避難訓練や応急手当の実習，ロールプレイング等

理科教育からみた避難訓練や応急手当に着目した場合，主に実験中や野外実習等の危機を想定するとよい。避難経路の確認など，実験室の使い方に関して，最初の段階での指導と定期的な確認に加えて，毎回の実験での短時間

の危険予測と対策のシミュレーションを繰り返したい。考えるだけでなく，行動までを実際に試してみることが実効性につながる。「それが起きたら，どうするか」そして「なぜそうするのか」まで理由づけて考え，説明し，互いに共有することで，さまざまな場面で応用できる安全教育として定着させたい。その際，具体的なロールプレイングを行うことで，互いに声をかけ，アイディアを出し合うなど，対話的な学びによって，互いのもつ安全に関する知識や情報を補完し共有することができ，共通理解を徹底することができる。ロールプレイングは毎回役割を変えて，さまざまな役割を疑似体験しておくことで，自分の身を守る力とあわせて他者を救う行動にもつながる。

児童生徒は，自分で対策を考える活動を通じて，じつは，理科室での多くの安全対策が，理科の授業中だけにしか通用しない特殊な対策ではないことに気づく。火を使う場合，燃えやすいものは片付ける，落とさないように器具や薬品などをテーブルの端に置かない，他者の作業を妨げないように周囲に気を配る，声を掛け合うといった対策は，日常生活ですでに経験している活動と関連づけて思い至ることは十分可能である。そのような，理科だけに特化したものではない対策を考えて，判断するトレーニングを積むことで，汎用的な安全教育となっていく。

6-6　理科授業における安全教育

理科授業における安全教育の指導は，理科という教科の特性や，理科教師としての資質・能力を存分に生かして行うことで，通常の理科授業と同じように準備し実施できる。すなわち，理科の目標に沿って，理科の見方・考え方をはたらかせて科学的に安全に向き合える資質・能力を育成することを意図することで，理科教育と安全教育が相互に関連しあって，両面で効果的な学習活動となる。また，実験・実習に際しては，児童生徒にとって普段の生活では不慣れな薬品や作業を非日常的な環境で行うことが多いので，直接的な安全の知識や技能の習得を徹底する必要がある。各単元や実験の安全な指導法は，文部科学省や教科書会社のホームページでも資料をダウンロードできたり，地方公共団体からも情報が提供されたりしている(たとえば，文部科学省「小学校理科の観察，実験の手引き」や佐賀県教育センター「安全な理科実験・観察ハンドブック」など)。

一方で，そこで習得した安全の知識・技能が，日常でも汎用的に応用していけるようにするためには，その安全策のベースとなる考え方として，しっかりと理由まで説明して理解させることが必要だろう。これは，普段の理科の授業で行う，理科の見方・考え方を通じて学ぶ方法と相違ないと考えてよい。一方で，小学校教員になる学生のうち，理科を専門する学生は少数で，理科の授業に不安を抱えている学生が多いという調査もある。したがって，教員養成段階では，実験を扱う模擬授業の実践が有効であるとされている。教員養成課程においては，理科を専門としない学生にこそ，積極的に実験指導あるいはその計画の経験を積む機会を提供したい。

参考文献

延原尊美(2007)，危険予知訓練シートの調査から読み取る大学生の危険意識の傾向――理科(化学・地学)の場合　静岡大学教育実践総合センター紀要 (14)，29-38.

北海道立教育研究所附属理科教育センター　理センハンズオン教材
http://www.ricen.hokkaido-c.ed.jp/index.php?key=mu19l8pll-3032
(2020 年 1 月 31 日確認)

一般財団法人 日本気象協会わかりやすい気象現象と災害 その 1「節子と台風」(SETSUKO & TYPHOONS)(改訂版)
動画 URL：https://youtu.be/gyXEQ7HatgI (2020 年 1 月 31 日確認)

JICA 地球ひろば
https://www.jica.go.jp/hiroba/index.html (2020 年 1 月 31 日確認)

片岡祥二(2018)，“潜在的危険に対する危機意識”調査を目的とした KYT シートの作成―理科室で行われる小学校理科の活動を対象として―　共栄大学教育学部研究紀要 2，31-40.

川路美沙・藤岡達也(2018)，火山活動の取扱いにおける理科教育の現状と課題　日本科学教育学会年会論文集 42(0)，533-536.

金沢工業大学 SDGs 推進センター
https://www.kanazawa-it.ac.jp/sdgs/application.html (2020 年 1 月 31 日確認)

柿原聖治・高原芳明(2007)，小学校理科における安全学習の在り方――危険予測，回避の力を育てる教材の開発　岡山大学教育学部研究集録 (135)，65-69.

気象庁　防災教育に使える副教材・副読本ポータル
https://www.jma.go.jp/jma/kishou/know/fukukyouzai/index2.html
(2020 年 1 月 31 日確認)

此松昌彦，理科新学習指導要領からの防災教育　和歌山大学災害科学教育研究センター研究報告 = Research reports of the Center for Education and Research

of Disaster Science, Wakayama University 2, 29-34, 2018-03
文部科学省(2019)．学校安全資料 「生きる力」をはぐくむ学校での安全教育
https://anzenkyouiku.mext.go.jp/mextshiryou/data/seikatsu03.pdf
(2020年1月31日確認)
文部科学省(2017a)，小学校学習指導要領解説 理科編
文部科学省(2017b)，中学校学習指導要領解説 理科編
文部科学省(2011)，小学校理科の観察，実験の手引き
村越 真・紅林秀治・延原尊美・岡端 隆(2013)．KYTシートを使った中学生と教員養成系大学生の教科活動におけるリスク特定・評価スキルの実態調査　教科開発学論集(1)，65-80.
三崎 隆，理科教員志望学生の資質能力向上に向けた授業改善に関する事例研究　北海道教育大学紀要 教育科学編 56(2)，107-116, 2006-02
中村重太(1980)，自作 hazards drawing による児童生徒の加熱実験操作に関する安全意識調査　安全教育実践への一つの試み　日本理科教育学会 研究紀要 20(2)，39-48.
NHK for School「学ぼうBOSAI」
https://www.nhk.or.jp/sougou/bosai/ (2020年1月31日確認)
尾﨑慎治(2019)，理科室での安全な実験を行うための考え方と注意，千葉県総合教育センター 科学技術教育230号　pp.5-6，2019-03
静岡県地震防災センター
http://www.pref.shizuoka.jp/bousai/e-quakes/manabu/dig/04/0401.html
(2020年1月31日確認)
佐賀県教育センター「安全な理科実験・観察ハンドブック」
http://www.saga-ed.jp/kenkyu/kenkyu_chousa/h19/h19anzennarika/indexrika.htm
(2020年1月31日確認)

理科実験の安全ワークシート

活動 1．図の中から危険なところをみつけて丸をつけよう。

※実験の写真やイラスト（予備実験，以前行った同じ実験，器具・資料等）を貼る。
児童・生徒が実際に使う，自分たちの学校の理科室のものが理想的。

活動 2．みつけた危険を「発見」に書こう。次に，それを防ぐ方法を「回避」に書こう。そして，もし危険なことが起こってしまった場合，どうしたらよいかを「対処」に書こう。

	発見（はっけん）	回避（かいひ）	対処（たいしょ）
1			
2			
3			
4			
5			

活動 3．みつけた危険について，他の人と話し合おう。危険と思った理由や対処方法の理由を話し合ったあと，新しいことに気づいたら，表に加えたり，書き直したりしよう。

組　　番　　名前

<理科実験の安全ワークシートを使った学習指導案例>

ねらい：実験時の危険を予測し，事前に防ぐ方法や対処方法を考えられるようになる。

展　開

時間	活　動	指導上の留意点　◎評価
導入10分	実験内容と方法について確認する。	例題となる実験(予定している実験等)についてその流れを説明する。 ◎実験内容・方法を理解している。 [知識・技能]
展開30分	「理科実験の安全ワークシート」を使用して，危険予測活動を行う。 「ワークシート活動1」を行う。 (個別活動)　5分 ※なぜ危険か理由を説明できるように。 「ワークシート活動2」を行う。 (個別活動)　10分 「ワークシート活動3」を行う。 (ペアまたは実験グループ)　10分 全体で発表し，危険を共有する。 (クラス全体)　5分	シートには，例題となる実験の写真(イラスト)を用いる。学習者の実態にあわせ，危険箇所のみつけやすさを工夫する。 ◎危険をみつけている。 [主体的に学習に取り組む態度] ◎原理や理由をもとに考え，意見を述べている。 [思考・判断・表現] 学習者が見落とした危険は，指摘したり気づかせたりする。 ◎実効性を考えて伝えている。 [思考・判断・表現]
まとめ5分	全体で共有したことを含めて振り返りながら，ワークシートを完成させる。	◎活動を振り返りまとめている。 [主体的に学習に取り組む態度]

※事前に活動2まで各自で行えば，本時では活動3のみを短時間で行うこともできる。

7章

図画工作・美術科における安全教育

本章では，図画工作・美術科における安全教育・安全管理について述べる。まず，安全教育に関して学習指導要領で扱われる図画工作・美術科の用具・材料等の取り扱いにつき留意事項等を確認し，図画工作科題材を例に，題材における安全への配慮等について述べる。次に，安全管理と教科運営に関して小学校図画工作科における事例を取り上げながら述べる。図画工作・美術科の授業は材料や用具を直接経験できる学びの機会である。その安全な取り扱いをめぐって指導者が知識や経験を深めていくことは，事故やけがの未然防止につながると同時に，児童・生徒が表し方を工夫したり，創造的に表したりすることを支えることになる。

7-1　図画工作・美術科と安全教育

安全教育には主に安全について理解させる安全学習の側面と，主に実践的な態度を育成するための安全指導の側面があるとされる。図画工作・美術科の学習では事故防止のため，材料や用具，活動場所等の取り扱いに関する「安全指導」の徹底が学習指導要領にも記載されていることから，ここでは安全教育を，特に安全指導の側面から述べていく。

「第２次学校安全の推進に関する計画」(2017)では，すべての児童生徒等が，安全に関する資質能力を身に付けることをめざすとされた。『学校安全資料「生きる力」をはぐくむ学校での安全教育』(2019)（以下『学校安全資料』）の「2章 第３節 安全教育の進め方２ 各教科等における指導」において示される図画工作・美術科の指導は以下である。

「理科，図画工作科，美術科，家庭科，技術・家庭科など，実験・実習や作業を伴う場面では，施設・設備の安全管理に配慮し，事故防止のため，学習環境を整備するとともに，特に火気，刃物類，薬品や塗料，実験・作業用の器具，材料などの使い方と保管，活動場所における指導など事故防止の指導を徹底し，校外での学習など活動の内容や場所に応じて安全に留意するとともに，児童生徒等自身に安全な行動の仕方を身に付けさせることが重要である。」(p.38)

図画工作・美術科では学習環境の整備，用具・材料の取り扱いと保管，活動場所における指導をとおして，児童生徒の安全な行動，すなわち事故やけがを未然に防いでいくための理解と態度を培っていくことが重要となる。

安全指導は，学習指導要領(平成29年告示)に次のように示されている。小学校学習指導要領における「安全指導」は「第3　指導計画の作成と内容の取扱い」の3に「造形活動で使用する材料や用具，活動場所については，安全な扱い方について指導する，事前に点検するなどして，事故防止に留意するものとする。」とある。また「用具や材料」については第3の2，内容の取り扱いの配慮事項(6)に示される(後述)。中学校学習指導要領における「安全指導」は，「第3　指導計画の作成と内容の取扱い」の3に「事故防止のため，特に，刃物類，塗料，器具などの使い方の指導と保管，活動場所における安全指導などを徹底するものとする。」とある。

図画工作・美術科の安全教育は，安全指導の観点からは，児童生徒の安全に関する資質能力，すなわち安全への理解や態度の育成を，安全管理の観点からは，設備の管理・運営，個性や発達に応じた指導を充実させる必要があるといえよう。

7-2　材料・用具と安全指導

ここでは，小学校および中学校学習指導要領(平成29・30年改訂版)に掲載されている用具や材料，安全指導に関する事項，ならびに『学校安全資料』の「学校安全計画例(小学校)」「学校安全計画例(中学校)」に具体的に示されている用具・材料や指導内容を確認し，主要な用具・材料等の安全指導について述べる。

7-2-1　学習指導要領　材料・用具

図画工作科においてどのような材料や用具についての安全指導が必要だろうか。小学校学習指導要領における「材料や用具」については第3の2，内容の取り扱いの配慮事項(6)に示される。以下にこれを一覧により留意点とともに示す(表7-1)。

また中学校学習指導要領では，先にふれた安全指導の項目において，日常的な点検整備の必要性，刃物類の保管・管理，電動糸のこぎり，ドリルなどの電動機械の慎重な取り扱い，塗料類および薬品類の使用に際する換気や保

表7-1　小学校学習指導要領(平成29)にみる各学年における　材料・用具，指導上の留意点

学 年	材 料	用 具	関連する材料・用具など	指導上の留意点
第1学年及び第2学年	土，粘土，木，紙，クレヨン，パス	はさみ，のり，簡単な小刀類(カッターナイフや安全な小刀)	小物や布切れ，小石，貝殻，共用の水彩絵の具，安全な接着剤	児童のそれまでの経験に配慮するとともに，題材の内容や指導のねらいによって，種類や範囲，数量を変えるなどして，児童が基本的な扱い方に関心をもつようにする必要がある。
第3学年及び第4学年	木切れ，板材，釘	水彩絵の具，小刀，使いやすいのこぎり，金づち	厚紙や箱，空き容器，布，紙，ひもなど，彫刻刀	刃こぼれなどがないかを確認したり，彫りやすい板材を使ったりするなど，児童が安全に扱えるように配慮することが重要である。また，前学年で使った用具については，一層その扱いに慣れ，自分の表現に生かす体験を深めるようにする必要がある。
第5学年及び第6学年	針金	糸のこぎり	ペンチ	初めて扱う用具については，基本的な扱い方を踏まえた上で，用具を使うこと自体を楽しむようにすることが重要である。前学年までに経験した用具については，その使い方に慣れるようにするとともに，簡単な手入れをしたり，それらを大切にしたりする習慣が身に付くようにすることが必要である。

そのほか
・コンピュータ，カメラなどの情報機器の利用。
・集める材料の種類や使い終わった材料の処理などについては，ごみの分別や環境に対する配慮が必要。

管・管理，薬品などに対するアレルギーをもつ生徒の把握，器具等を収納するロッカーや棚などの倒壊の未然防止措置などが記載されている。

7-2-2　学校安全計画例における安全指導

『学校安全資料』の付録に示された「学校安全計画例(小学校)」「学校安全計画例(中学校)」に例として取り上げられている，安全な扱い方についての指導を要するとされる用具や材料には，図画工作科においては学習指導要領にあげられているものに加え，「竹ひご・細木，ニス」等が示されている。また，中学校美術科においては，年間を通した指導項目の例について以下のように示されている(表7-2，第1章図1-3も参照)。

表7-2　学校安全計画例(中学校)

美術室の備品と安全な行動(4月)	打ち出し用具の使い方(11月)
備品の点検整備(5月)	塗装の際の一般的注意(12月)
彫刻刀の正しい使い方(6月)	カッター，はさみ，コンパス等の使用上の注意(1月)
ニードル等の道具の使用の注意 備品検査(7・8月)	絵の具・用具の保管や管理の指導(2月)
版画用プレス機の使い方(9月)	教室での一般的諸注意・器具，用具の点検(3月)
小型ナイフの使い方(10月)	

こうした例を参考にしながら，各学校の教育課程と児童・生徒，施設・設備，管理する用具等の実態等にあわせた安全計画を立てる。

次に，小学校学習指導要領に示された基本的な材料・用具について，安全指導の観点から具体的に確認していく。

7-2-3　材料・用具と安全指導

(1)　第1・2学年

a. はさみ　基本的な持ち方，用い方，特にはさみを手渡すときや教室内等を移動する際のルール作りとその徹底など，安全のための配慮と指導，保管の仕方など正しい知識を理解させる。周知のように，はさみには多くの種類がある。工作ばさみのほかにも，さまざまな波形の切り口が得られるはさみ，ペットボトルを切ることができるものなどがある。左利き用のはさみもあるので実態に応じる。切り方はハサミが常に正面(前方)を向くように持ち，曲線を切るときは紙を持つ手を動かすよう指導する。

b．のり・接着剤・粘着テープなど　造形活動における接着等には接着剤の他，セロハンテープなどの粘着テープ類を貼る，紙の接着にホチキス(ステープラー)を使用するなど，目的や用途，材料の種類に応じたさまざまな方法が考えられる。接着剤の種類は多く形態もスティック状の固形のもの，チューブに入ったもの，スプレータイプのものなどさまざまあり，学習内容によって使い分ける。扱う接着剤によっては，教室等の換気や皮膚についた場合の危険性に留意し指導する必要がある。児童が扱いやすい接着剤として，天然接着剤ではでんぷんのり，合成接着剤には酢酸ビニル樹脂エマルジョン系接着剤，合成ゴム接着剤などがある。PVA のり(ポリビニールアルコール／洗濯のり)は材料としても使用できる。また，スティック状のプラスチックを高温で融かして用いる接着剤(グルーガン)は，先端の金属部分や接着剤が高熱であるため，児童が取り扱う際は配慮，安全指導が必要である。

粘着テープには，セロハンテープ，布テープ，クラフトテープ，両面テープ，マスキングテープなどがあり，用途や場所によって使い分ける。セロハンテープでの接着には手軽さがあるが接着力は弱い。また，ホチキス(ステープラー)を使用する際は，使用後に針の清掃，廃棄を行うよう指導する。

c．カッターナイフ・簡単な小刀類　簡単な小刀類とは，カッターナイフや安全な小刀等を指す。カッターナイフには，標準的な大きさのものと大型のものなどがある。使用時には刃を 1, 2 目盛り出させて使用させる。正しい姿勢で常に手前に刃を引かせるようにする。厚紙など一度に切れない場合，力を入れて引くと危険であるため数回に分けて引く。段ボール紙専用の段ボールカッターは，段ボールをさまざまな形に加工することができる。刃は摩滅したり，刃こぼれしたりしていると危険である。刃物の状態を指導者が日頃から確認し，必要に応じ研磨や交換などを行う必要がある。指導者は個数・保管場所・保管方法などを管理し，使用時には必ず安全指導を行い，禁止・留意事項，移動時や使用中のルール等を児童と確認する。

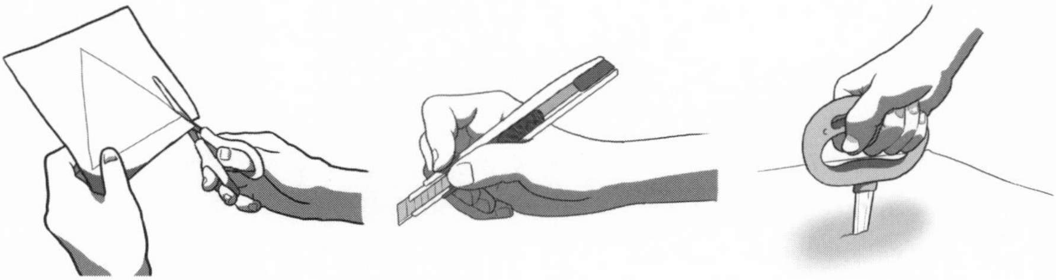

図7-1　正しい持ち方：はさみ，カッター，段ボールカッター

（2）　第3・4学年

a.　木切れ・板材・釘など　　ベニヤ（合板）は木工作のほか，木版としても使用できる。シナベニヤ合板，ラワンベニヤ合板が一般的である。板材（無垢材）では，扱いやすい杉（すぎ），桂（かつら），朴（ほう）などが木工作や版に適している。他にも軽量のバルサ材，檜（ひのき）の棒材やコルク板材，竹ひご，枝や木の実，葉，樹皮など造形活動に活用できる木材は多い。日頃から他の学習活動で余分となった木材や端材などをストックしておいて活用することもできる。木材は自然材であるからカド等がトゲ状になっている場合もあり，けがをしないよう指導する。

釘は，木材等を接合する機能をもつが，釘を打つことを主題とした題材などは，児童が楽しみながら釘の打ち方を学ぶことができる。学習指導要領では，他にも切ったりつないだり組み合わせたりする材料として厚紙や箱，空き容器，布，紙，ひもをあげている。

b.　小刀・彫刻刀　　彫刻刀には丸刀，角刀，平刀，切り出し刀等がある。版表現などで彫刻刀を使用する場合には，版木を作業板などの上に乗せて制作させるなど，安全に十分注意する。彫刻刀は利き手で鉛筆を持つように握る。刃の前にもう一方の手を置くことは大変危険であるので十分に安全のための指導をする。

c.　使いやすいのこぎり　　のこぎりの種類は用途によって異なるが，よく用いるのこぎりには，両刃のこぎり，片刃のこぎりがあげられる。両刃のこぎりには横びき刃・縦びき刃の両方，片刃のこぎりには横びき刃がついているので木目に合わせて選択する。のこぎりを使用して板材などを切るときには，箱いすの上に板を置き，片足で押さえながら両手でのこぎりを使用す

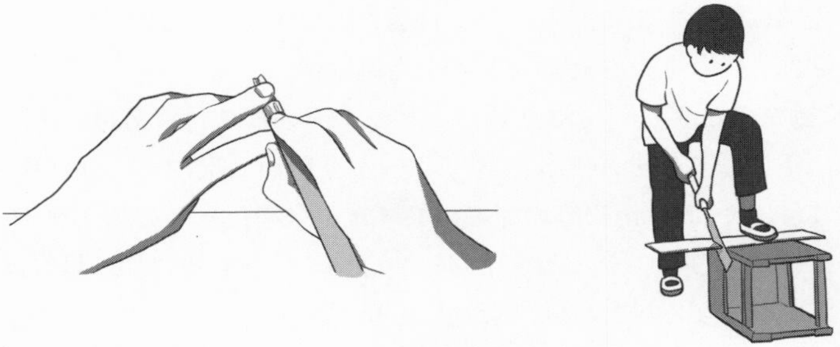

図 7-2　正しい姿勢：彫刻刀，のこぎり

る。また，万力に挟む，クランプ等を用いて机等に固定する等の方法もある。ひきはじめは親指の爪や関節に刃をあてて，数回ひいて切り込みをつける。刃を寝かせて切ろうとする子どもや，刃のごく一部を用いて切ろうとする児童に注意する。また，のこぎりを持って教室内等を移動する際は刃(のこ身)を下に向けて両手で持つよう指導する。

切った板の断面等の表面をなめらかにするにはやすりを用いる。棒状の木工用やすりや，握りのついたドレッサーとよばれるやすりが扱いやすい。これらの用具を使用する場合も，万力やクランプ等で木を固定して使用するとより安全である。紙やすり(サンドペーパー)には，粗目(80 番等)のものから仕上げ用(180 番等)のものまで異なる目のものが揃っている。

d．金づち　小学校で用いられる金づちは，げんのうとよばれ，頭の平面を使って打ち始める。打ち終わりは頭の曲面を使用する。釘を打つ際，打ち始めは釘を手で持って軽くたたき，釘がたったら手を離して強く打つ。手首，ひじ，肩を中心に円を描くようにして打つと釘が曲がりにくい。小さい釘を打つ際には，釘をラジオペンチなどで挟んで打ち始める。釘を抜く際には，釘抜きを使用するほかペンチ等を用いる。

（3）　第５・６学年

a. 針金　針金には鉄製，アルミニウム製など種類がある。また，変形の容易なモールや，さまざまな色のビニルで包んだものもあるので，目的や用途によって選択する。針金の切断や変形にはペンチやラジオペンチを使用する。切断した針金が周囲に飛ぶことがあるので，指導が必要である。また，針金の先端は危険であるから，教室移動の際は先端を下に向けさせる，活動中は先端部を折り曲げさせるなど安全指導に留意する。

b. 電動糸のこぎり　電動糸のこぎりの刃の取り付け方は，刃を下向きにして，下になる部分からねじ等でしっかり留め，次に上の部分をしめる。刃の取り付けや交換，清掃等の際には必ず電動糸のこぎりのスイッチを切り，プラグを電源から抜いたことを確認して行う。板を直線に切る場合は板を前に押し，曲線を切る場合は回すようにしながら押す。ゆっくりと押すのがよい。板材などをくりぬく場合には，キリやドリルで糸のこぎりの刃が通る径の穴をあけて刃を通し切る。切り等の扱いについては他の刃物と同様に安全に十分留意する。なお，電動糸のこぎりなど，固定して使用する用具は台座などにしっかりと固定して使用するようにする。

用具・材料の特性や種類等と安全指導については，教科書の教師用指導書に詳述されているので参照するようにする。また，文部科学省の Web サイトに「授業改善のための参考資料(教職員向け)」の「指導資料」として「図画工作科で使う材料や用具」が掲載されている。材料･用具の扱いについて，授業前，授業中，アイデア・アドバイスの順に留意事項や安全指導についてイラスト付きで詳述されているので参照するようにする。*)

7-3　題材例(小学校)と安全指導

ここまで図画工作科で扱う材料・用具の一部を安全指導の観点からみてきたが，ここでは，児童生徒の安全に関する資質能力である安全への理解や態度の育成をめざすことについて，図画工作科の題材例をもとに述べる。

小学校学習指導要領では，図画工作・美術科で取り扱う材料・用具について「必要に応じて，当該学年より前の学年において初歩的な形で取り上げたり，その後の学年で繰り返し取り上げたりすること」とされる。また，児童が扱う用具については，「その名称や使い方だけを指導するのではなく，用具を使ったり，活動を工夫したりする中で，その使い方に十分慣れるように

---

*)　文部科学省　図画工作科で扱う材料や用具
https://www.mext.go.jp/a_menu/shotou/zukou/hasami/idea_advice/index.htm
(2019 年 12 月 10 日確認)

することが重要である。」とされる。つまり，材料・用具の扱いをめぐっては児童の実態や発達の段階をふまえながら，柔軟に取り上げること，使い方に十分慣れるようにすることがめざされるのである。これらのことをふまえながら安全指導について考えてみると，題材の主題が重要であることがわかる。つまり，児童の安全への理解や態度が，図工・美術科題材においてめざす資質能力を発揮していくなかでいわば必然的に（かつ柔軟に）培われていくことが重要なのではないだろうか。

次に，小学校図画工作の題材をみながら，この安全指導と題材の主題の関連について確認したい。

（a）「はさみのあーと」（日本児童美術研究会 2020a）

教科書掲載の本題材では，児童がはさみを用いる。切ってできたさまざまな形から発想を広げ，児童自身によって表したいこと（主題）を見いだしていくことが期待されている。本題材の掲載頁のリード文に「スイスイ　ジグザグ　グルグル　チョキン きった　かみを　おいてみよう。なにが　見えてくるのかな。」とあり，はさみを用いたさまざまな切り方が想起されるよう工夫されている。本題材の安全指導は主にこのはさみの使用に関することであり，けがや事故の未然防止のための手立て，万が一けが等が起こった場合の処置についての指導者の知識と対応が前提となるが，子どもがはさみの使い方に十分慣れるために必要な方法を，この題材が求める表現活動はあらかじめ含んでいる。はさみを正しく用いていろいろな形に切ろうと工夫するこ

図 7-3　はさみのあーと（学生による参考作品）

とが，安全への理解と態度を培う教育と重なっている例である。

(b)「くぎうちトントン」(日本児童美術研究会 2020b)

本題材では，木片等に大小さまざまなくぎを打ちながら発想を広げて，表したいことを児童自身が見いだしていくことが期待されている。釘の主たる目的や用途である木材の接合だけでなく，釘を打ってできる形に注目させる。児童は題材の主題に導かれて必然的にさまざまな大きさの釘を，さまざまな場所に打つことになる。こちらも作品を作るという表現活動が，釘を打つことに慣れ，安全な用具の使用につながっている例である。

図 7-4　くぎうちトントン(学生による参考作品)

7-4　美術科での安全指導を含んだ指導案とワークシート作成例

上に見たように，図画工作科においては児童の安全への理解や態度が，教科がめざす資質能力を発揮していくなかで培われていくことが重要である。同時に，図画工作・美術科では用具・材料等の安全をめぐる指導者の意識が常時必要であるといえるが，ここでは「学校安全計画例(中学校)」に示された「美術室の備品と安全な行動」についての授業を想定し指導案を作成することを通して，留意すべき点を確認する。

<中学校　美術科　指導案>

目標：美術室の備品等を安全に使用し行動するための理解・態度を形成する。
内容：

	生徒の活動	教師の指導	教材・評価
導入	1. 美術室にある用具・備品等について関心をもち，ワークシートに記入し発表する。	1. 美術室にある用具や備品等についてどのようなものがあるか考えさせる。	・教材 ・ワークシート
展開	**○○先生は生徒の安全な活動のために日頃からどのような工夫をしているだろうか？**		
	2. グループで意見交換をしワークシートに記入し発表する。 ・備品管理やメンテナンス ・災害時を想定した準備 ・知識・技能の習得　等	2. 指導者(管理者)の配慮，実践している事項等についてグループで意見交換，発表させる。	ワークシートへの記入内容，発言内容等を把握する。
	3. ①美術室の備品等につき安全な取り扱いと環境保持についての理解を深める。 ②災害発生時の行動について理解する。	3. ①美術室にある備品等につき生徒が1であげたもののなかから任意に取り上げ，安全について指導する。 ②災害時の避難経路等を含め安全のための教室の決まりを指導する。	生活安全と災害発生時の安全の視点で3の解説を構成する。
まとめ	4. 学習を振り返り，まとめをワークシートに記入する。	4. 学習を振り返らせ，まとめをワークシートに記入させる。記入内容を伝え合う場や方法を設定する。	・ワークシート

ワークシート

1. 美術室にはどのような用具や備品があるでしょうか。	
2. 先生は安全な活動のために日頃からどのような工夫をしているでしょうか。	
本時の学習で理解できたことやさらに探究してみたいことを書きましょう。	

7-5 安全管理

ここまで安全指導について，基本的な材料・用具と，その運用事例である小学校教科書題材例，中学校における授業例と指導案等にふれてきた。次に，教科運営と安全管理に関して，図画工作科における事例を取り上げながら述べる。『学校安全資料』の「3章3節 事故等の発生に備えた安全管理」には「1 救急及び緊急連絡体制」「2 事故発生時の対応」の2項目が示されている。さらに「2 事故発生時の対応」は，「(1) 校内での事故等発生時の対処，救急及び緊急連絡体制」，「(2) 校外活動時等における事故等発生時の留意点」が示されており，「(1) 校内での事故等発生時の対処」には「被害児童生徒等の保護者への連絡の留意点」「応急手当を行う際の留意点」の2項目が示されている。

ここでは，東京学芸大学教育学部附属世田谷小学校 図画工作科の学習環境に関する安全管理の取り組みについて紹介する。

表7-3 図工・記憶に残るけが

	1学年	2学年	3学年	4学年	5学年	6学年	合計（件）
①紙			1	1	2	3	7
②はさみ				1	2		3
③カッターナイフ				2	1		3
④小 刀					1		1
⑤き り							
⑥のこぎり			1	4	1	4	10
⑦彫刻刀			1	10	5	2	18
⑧電動のこぎり					2	2	4
⑨ホチキス			1	1			2
⑩針 金							
⑪金づち					3	2	5
⑫やすり					1		1
⑬木材・板				1	2	4	7
その他			1	1		2	4

（令和2年1月実施：東京学芸大学教育学部附属世田谷小学校 第6学年89名）

7-5-1 図画工作科とけが

表7-3は，第6学年児童に聞いた「記憶に残るけが」の調査結果である。用具では彫刻刀の使用に関係するけが，材料では木材・板に起因するけがが記憶に残っているとの結果になった。結果は，刃物の使用時の安全指導，安全管理の重要性を示唆するものとなった。

7-5-2 図画工作科の安全管理

同校の大櫃重剛教諭によれば，図画工作科における危機管理の主たる観点は次の3点である。

①児童の活動場所の設定と整理整頓

図画工作科では，題材内容によって，児童が必要な用具を使用するスペース，共用の絵の具など材料を置くスペースなど，活動しやすい場所を確保する必要がある。教材研究や授業準備を行う授業前の段階で，子供の安全な移動や活動を保障する場所での展開を実施するための学習環境を意識することが，事故やけがの未然の防止につながる。(図7-5，図7-6)

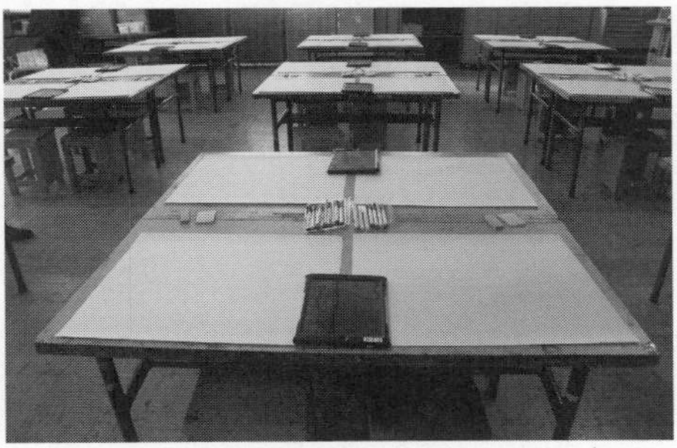

図7-5 安全な学習環境づくり

図7-6 種別にケースに管理されている材料

②用具の手入れと安全指導

用具のメンテナンスや管理のために適宜行われる安全指導が必要である。用具のメンテナンスでは，事前に使用する用具の数量や必要な修理の確認を行う。特にカッターナイフなどの刃物は番号等を付して専用の容器に保管・管理し，使用前後に本数を確認する。刃こぼれや錆などが見られる場合，研ぎや交換の必要がある。電動糸のこぎりは動作確認が必要である。安全指導は指導者に常に意識されている。指導が必要となる用具・材料についてはいうまでもなく，児童の授業時限の違いによる学習意欲や心理状態にも注意を払っている。また，授業時間内においても，児童が用具・材料の扱いに慣れてきたと感じられるときなどに，適宜さまざまな助言や指導を行うようにしている。

③保健室・担任とのホットライン（連携）

同校の緊急連絡体制を養護教諭，学級担任等と共有し，けがや事故の未然の防止と，学校全体で子どもを育てるという意識が共有され，万が一の事態に備えた対応策について日常的に連絡を密にしている。

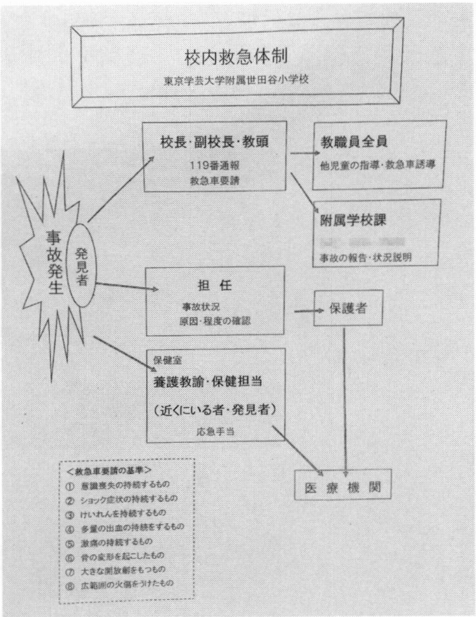

図 7-7　緊急連絡体制

まとめ

本章の冒頭で述べたように，安全教育・安全管理は児童・生徒の安全に関する資質能力を育成していくために，また，事故やけがの未然防止の観点から重要である。そして安全教育は，図画工作・美術科において児童・生徒が表し方を工夫したり，創造的に表したりするための技能を中心とする資質能力の育成を支えている。また，「安全」という主題を図画工作・美術科で引き受けることもできる。いうまでもなく図画工作・美術科では感情や意図を伝えること，形や色を工夫して他者の感性に働きかけるコミュニケーション能力を培ってきている。

参考文献

文部科学省(2019)，学校安全資料「生きる力」をはぐくむ学校での安全教育 https://www.mext.go.jp/component/a_menu/education/detail/__icsFiles/afieldfile/2019/05/15/1416681_01.pdf（2019年10月3日確認）

文部科学省(2018)，中学校学習指導要領(平成29年告示)解説 美術編

文部科学省(2018)，小学校学習指導要領(平成29年告示)解説 図画工作編

渡邉正樹(編著)(2013)，学校安全と危機管理　改訂版　大修館書店

坂田 仰(2019)，裁判例で学ぶ 学校のリスクマネジメントハンドブック　時事通信社

大阪教育大学附属池田小学校(2017)，学校における安全教育・危機管理ガイド あらゆる危険から子供たちを守るために　東洋館出版

福田隆眞・福本謹一・茂木一司(編著)(2019)，美術科教育の基礎知識　四訂版　建帛社

日本児童美術研究会(2020a)，ずがこうさく1・2下　日本文教出版

日本児童美術研究会(2020b)，図画工作3・4上　日本文教出版

○掲載イラスト・参考作品作成

井坂朋美(東京学芸大学教育学部) 図7-1，図7-2，図7-4

板野詩夏(東京学芸大学教職大学院) 図7-3，図7-4

○謝辞　東京学芸大学教育学部附属世田谷小学校の大櫃重剛先生，丸田文子先生，ご協力いただいた児童の皆様に謝意を表します。

8章

家庭科教育における安全教育

家庭科における安全教育は,「家庭科を学習する視点としての『安全』」「家庭科の学習内容としての生活の『安全』」「実習を中心とした家庭科の学習を『安全』に行うための学習」の3つの観点から行われている。また,家庭科のすべての領域にわたって安全について学ぶこととなっている。これらの観点や各領域での学習は独立したものではなく,重なりあって行われている。本章では,家庭科における安全教育の概要を整理したうえで,「家庭科の学習内容としての生活の『安全』」「実習を中心とした家庭科の学習を『安全』に行うための学習」の授業例を示す。家庭科は,生活を主体的にどう営むかを学ぶ教科である。日常生活の具体的な事象と関連づけながら「安全」について学び,その後の自分の生活で実践することが,家庭科における安全教育であるといえるだろう。

8-1　家庭科における安全教育の概要

家庭科における安全教育として,学習指導要領ではどのように示されているか確認し,その概要を把握する。

まず,新学習指導要領(文部科学省 2018a, 2018b)における家庭科の見方・考え方(生活の営みに係る見方・考え方)として,「協力・協働」「健康・快適・安全」「生活文化の継承・創造」「持続可能な社会の構築等」の4つが示されている(下線および太字は筆者による。以下同様)。つまり,「安全」という視点をもって生活をとらえ,より良い生活を営んでいける資質・能力を身に付けるのが家庭科であるといえる。また,特に「B　衣食住の生活」の領域において,「健康・快適・安全で豊かな食生活,衣生活,住生活に向けて考え,工夫する活動」を行うとされている。

次に，具体的にどういったことを学ぶとされているかをみていく。新学習指導要領解説（文部科学省 2017a，2017b）をもとに整理したものが表8-1と8-2である。

小学校（表8-1）では,「衣食住の生活」の領域で「(2) 調理の基礎　ア(イ) 用具や食器の安全で衛生的な取扱い，加熱用調理器具の安全な取扱い」「(5) 生活を豊かにするための布を用いた製作　ア(イ) 手縫いやミシン縫いによる縫い方，用具の安全な取扱い」といったように，学習項目として,「安全」について学ぶことが示されている。具体的な内容としては，食の領域では調理に関することとして，包丁や加熱用調理器具，食器，まな板，ふきんなどの安全で衛生的な取り扱いについて学ぶほか，食物アレルギーにも配慮することとなっている。衣の領域では，製作に必要な用具，つまり針類，はさみ類，アイロン，ミシンなどの用具の安全な取り扱いについて学ぶ。また，安全に作業を行うためには手順が重要であることも，あわせて学ぶこととなっている。

また，項目名に安全という言葉は入っていないが，衣食住の領域の「(6) 快適な住まい方」では，暖房器具の安全な使い方や，家庭内の事故を防いで安全に住まうことについて学ぶことが示されている。さらに，家族・家庭生活に関する領域においても，家庭での生活は家庭を支える仕事によって「健康，快適で安全に」営むことができていることを学ぶ。つまり家庭生活では,「安全である」ということが一つの重要な要素であることを学習するのである。それ以外にも,「実習の指導」における配慮事項として，主に調理実習や被服製作実習と連動させる形で，安全に関する教育についてまとめて記されている。

中学校（表8-2）でも小学校と同様に「衣食住の生活」において，食物と被服の領域で，安全について学習することが項目として示されているほか,「(6) 住居の機能と安全な住まい方　ア(イ) 家族の安全を考えた住空間の整え方」と住居に関しても「安全」について学習することが項目名に記されている。その際，自然災害にもふれながら学ぶこととなっている。

また，食生活の領域において，先述したとおり学習項目でも安全という文言が使われているが，それ以外にも「(1) 食事の役割と中学生の栄養の特徴　ア(ア) 生活の中で食事が果たす役割」において,「食品の不適切な扱いによっ

表 8-1　小学校家庭科における安全教育

家族・家庭生活	衣食住			消費・環境	実習の指導
(2) 家庭生活と仕事 ア　家庭の仕事と生活時間 家庭生活を支える仕事については，着たり食べたり住まうことに関わる仕事，家族に関する仕事等があり，家庭での生活は，それらの仕事の積み重ねによって，健康，快適で安全に営むことができることに気付くようにする。 ……快適で安全に生活するためには，地域の人々との関わりが必要であること，幼児や高齢者など，様々な人々と共に協力し助け合って生活することが大切であることについて理解できるようにする。	(2) 調理の基礎 ア(イ) 用具や食器の安全で衛生的な取扱い，加熱用調理器具の安全な取扱い ……調理に必要な用具や食器の安全で衛生的な取扱いについては，包丁の安全な取扱いと食器やまな板，ふきんの衛生的な取扱いについて理解し，適切に使用できる。 加熱用調理器具の安全な取扱いについては，実習で使用する加熱用調理器具の特徴が分かり，火傷の防止などに留意して，安全な取扱いができる……生の魚や肉は扱わないなど，安全・衛生に留意すること。	(5) 生活を豊かにするための布を用いた製作 ア(ア) 製作に必要な材料や手順，製作計画 効率や安全のために作業の順番を決める必要があることを理解できる。 ア(イ) 手縫いやミシン縫いによる縫い方，用具の安全な取扱い ……製作に必要な用具が分かり，安全に十分留意しながら使用することができる……危険防止や安全点検の確認を習慣化できるようにするために，製作の準備から片付けまで，児童一人一人が責任をもって安全に留意して行うことができるよう配慮する。	(6)「快適な住まい方」 ア(ア) 住まいの主な働き，季節の変化に合わせた生活の大切さや住まい方 暖房機器の安全な使い方についても触れるようにする。 ア(イ) 住まいの整理・整頓や清掃の仕方 ……適切な整理・整頓や清掃は，家庭内の事故を防ぐための安全な住まい方を考える上でも大切であることに気付かせる。	—	(1) 施設・設備の安全管理に配慮し，学習環境を整備するとともに，熱源や用具，機械などの取扱いに注意して事故防止の指導を徹底すること。 (2) 服装を整え，衛生に留意して用具の手入れや保管を適切に行うこと。 (3) 調理に用いる食品については，生の魚や肉は扱わないなど，安全・衛生に留意すること。また，食物アレルギーについても配慮すること。

表 8-2　中学校家庭科における安全教育

家族・家庭生活	衣 食 住			消費・環境	実習の指導
(1) 自分の成長と家族・家庭生活 **ア 自分の成長と家庭生活との関わり，家族・家庭の基本的な機能，家族や地域の人々と協力・協働** ……家庭は家族の生活の場であり，家族との関わりの中で衣食住や安全，保護，愛情などの基本的な要求を充足し，心の安定や安らぎを得ている。 **(2) 幼児の生活と家族** **ア(ア) 幼児の発達と生活の特徴，家族の役割** ……あいさつや安全のルールなど，人との関わりや社会のきまりなどについても，適切な時期と方法を考えて身に付けさせる必要があることにも触れる。 **ア(イ) 幼児にとっての遊びの意義，幼児との関わり方** ……安全な遊び道具についても触れる……幼児と関わる際には，安全面や衛生面への配慮も必要であることを理解できるようにする。	**(1) 食事の役割と中学生の栄養の特徴** **ア(ア) 生活の中で食事が果たす役割** 健康で安全な食生活を営むためには，調理における食品の衛生的な扱いに関する知識及び技能を習得する必要があることにも気付く。 **(3) 日常食の調理と地域の食文化** **ア(ア) 用途に応じた食品の選択** ……食品添加物や残留農薬，放射性物質などについては，基準値を設けて，食品の安全を確保する仕組みがあることにも触れる……魚や肉などの生の食品については，食中毒の予防のために，安全で衛生的に取り扱うことができるようにする。 **ア(イ) 食品や調理用具等の安全と衛生に留意した管理** ……ふきんやまな板の衛生的な取扱いや包丁などの刃物の安全な取扱い……電気やガス用の器具を効率よく安全に取り扱うことができるようにする。	**(5) 生活を豊かにするための布を用いた製作** **ア 製作する物に適した材料や縫い方，用具の安全な取扱い** ……製作する物に適した材料や縫い方，用具の安全な取扱いに関する基礎的・基本的な知識及び技能を身に付け，資源や環境に配慮して製作計画を考え，製作を工夫することができるようにすることをねらいとしている。 ……製作に必要な材料，用具，製作手順，時間等の見通しをもち，目的に応じた縫い方や製作方法，ミシンやアイロン等の用具の安全な取扱いについて理解し，製作が適切にできるようにする。 ……また，ミシンの操作については，姿勢や動作が作業の正確さや能率に関係すること，作業環境の整備が安全に影響することなどにも触れるようにする。	**(6) 住居の機能と安全な住まい方** **ア(イ) 家族の安全を考えた住空間の整え方** 家庭内の事故の防ぎ方など家族の安全を考えた住空間の整え方については，幼児や高齢者など様々な年齢で構成される家族が，住居内で安全に生活できるよう住空間を整える必要があることについて理解できるようにする。 家庭内の事故については，幼児や高齢者に起きることが多い事故を取り上げ，事故の要因と対策としての安全管理の方法について理解できるようにする。 ……室内の空気を清浄に保つことによって安全な室内環境を整えることができることに気付くようにする。 自然災害については，地域の実態に応じて過去の災害の例を取り上げる。	**(1) 金銭の管理と購入** **ア(イ) 売買契約の仕組み，消費者被害，物資・サービスの選択に必要な情報の収集・整理** 物資・サービスの選択に必要な情報の収集・整理については，選択のための意思決定に必要な安全性，機能，価格，環境への配慮，アフターサービス等の観点について理解できるようにするとともに，関連する品質表示や成分表示，各種マークについても触れるようにする。	実習の指導に当たっては，施設・設備の安全管理に配慮し，学習環境を整備するとともに，火気，用具，材料などの取扱いに注意して事故防止の指導を徹底し，安全と衛生に十分留意するものとする。 ……幼児や高齢者と関わるなど校外での学習について，事故の防止策及び事故発生時の対応策等を綿密に計画するとともに，相手に対する配慮にも十分留意するものとする。また，調理実習については，食物アレルギーにも配慮するものとする。 (1) 安全管理 ①実習室等の環境の整備と管理 ②材料や用具の管理 (2) 安全指導 ①実習室の使用等 ②学習時の服装及び留意事項 ③校外での学習

ては，食中毒などにより健康を損ねたり，生命の危険にもつながったりすることから，健康で安全な食生活を営むためには，調理における食品の衛生的な扱いに関する知識及び技能を習得する必要があることにも気付くようにする。さらに，日常の食生活の在り方が環境に与える影響についても気付くようにする」と解説されている。食生活において安全であるといった場合，単に安全に道具を取り扱うといったことだけではなく，衛生的であることによって健康で安全な食生活が営めること，またその行動は環境にも影響を与えることもあわせて学ぶことが示されている。さらに，「食品添加物や残留農薬，放射性物質などについては，基準値を設けて，食品の安全を確保する仕組みがあることにも触れるように」と，食品そのものの安全についても学ぶ。

家族・家庭生活の領域でも，家族・幼児の「安全」について学ぶことが示されている。たとえば，家族・家庭の基本的な機能について学習することをとおし，「家庭は家族の生活の場であり，家族との関わりの中で衣食住や安全，保護，愛情などの基本的な要求を充足し，心の安定や安らぎを得ていることなどに気付くようにする」となっている。また幼児について学習する際には，幼児にとって「安全のルール」を知ることは重要であること，幼児にとって遊びは発達を促す重要なものであるが，「安全な遊び道具」とはどういったものであるのかも知る必要があることが示されている。さらに，現在では幼児と実際にふれあって学ぶ(ふれあい体験学習)こととなっているが，幼児とかかわる際は「安全面と衛生面」に注意することが記されている。

消費・環境の領域では，「物資・サービスの選択に必要な情報の収集・整理については，選択のための意思決定に必要な安全性，機能，価格，環境への配慮，アフターサービス等の観点について理解できるようにする」となっている。小学校では，この領域において特に安全についてふれられていない。中学校のほうが，家庭科の学習領域全般にわたって安全について学習するといえるだろう。

さらに，「実習の指導」の留意点としても「安全」に関する内容が多数述べられている。まず，「施設・設備の安全管理」があげられている。これは，家庭科を学習するうえで教員が配慮すべき事項であるといえるだろう。次に，「安全指導」がある。安全指導では，①実習室の使用等，②学習時の服装及び留意事項，③校外での学習，の３つの視点から安全指導として行うべき内容が記されている。②においては，食物アレルギーへの対処，③は幼児や高齢者とかかわる場面における，校外への移動中の安全や相手への配慮や安全の確保といった点もあげられている。

このように，家庭科は実践的な学習を重んじるためさまざまな実習を行うが，その際，安全について配慮する必要がある。それは，教師が一方的に配慮するだけではなく，児童・生徒自身が，安全に行うにはどうしたらよいかを考え，行動できる力を身に付けることが求められる。

ここまで，学習指導要領でどのように「安全」について学ぶとされているかを整理したが，家庭科の全領域にわたって学ぶことがわかる。家庭科は，家庭を中心とした生活について学ぶ教科である。生活のありとあらゆる面で安全ということは必要不可欠な視点であるといえるだろう。逆にいえば，家庭科における安全教育は，すべて“生活”という観点でつながっている。さらに，家庭科では，以下の３つの視点からの安全教育が行われているといえるだろう。「家庭科を学習する視点としての『安全』」「家庭科の学習内容としての生活の『安全』」「実習を中心とした家庭科の学習を『安全』に行うための学習」である。次節では，これらの視点から，具体的にどのような授業実践が行えるか，例を示したい。

8-2　家庭科における安全教育の授業実践例

本節では，家庭科における安全教育の授業実践の例を紹介する。ひとつは，学習内容として生活の「安全」について学ぶ例である。もう一つは，実習を中心とした家庭科の学習を「安全」に行うための指導例である。「家庭科を学習する視点としての『安全』」は，この両者のベースとなっていると考えられる。

8-2-1　学習内容として生活の「安全」について学ぶ授業実践例

最初に，学習内容として生活の「安全」について学ぶ例を示す。一つの題材として，安全について取り上げる形になる。調理に関する学習に入る最初の段階として，家庭科室の安全な使い方について学んだうえで，お茶を安全に早くおいしくいれることについて学習する。これは，家庭での仕事や団らんとつなげ，「家族・家庭生活」の領域の学びと，「衣食住」の食の領域をまたぐ題材とすることもできる。

〈題材名：クッキングをはじめてみよう！〉

（１）　本題材の目標

・安全で正しい家庭科室の使い方を理解する。
・安全に早くおいしくお茶をいれることができる。

（２）　本題材の指導計画（２時間）

①家庭科室を探検してみよう…………１時間
・家庭科室で安全に調理をするために，気をつけないといけないことを考える。
②お茶を安全に早くおいしくいれよう………………１時間
・前時の学習をふまえ，お茶を安全にいれるための方法を工夫して考える。
・エコの観点からも注意すべき点について理解する。
・安全に早くおいしくお茶をいれることができる。

（３）　展開例１　家庭科室を探検してみよう（1/2時間）

学習内容	学習活動	指導上の留意点	評価のポイント
学習の目当てをつかむ。	・家庭科室ではどのようなことができるか考える。	・自分の生活と関連づけながら考えさせる。	
	家庭科室の使い方の達人になろう		
家庭科室で調理をする際，安全に行うために気をつけるべきことを知る。	・家庭科室内を探検し，安全面で気をつけないといけないことを探し，付箋に書き出す。 ・班ごとにまとめた結果を発表し，クラス全体で共有する。	・探検して気づいたことを各自がワークシートに記入したうえで，班ごとに付箋に書き出す。家庭科室の見取り図を準備しておき，どの場所で気をつけるべきか付箋を整理しながら貼りつける。	・興味・関心をもって探検しているか。気づいたことを話し合って共有したり深めたりできているか（観察・ワークシート）。
お茶をいれる際に安全面において，気をつけるべきことについて知る。	・お茶をいれる際に安全面に関して注意すべきこととして，ガスこんろの使い方，流しの使い方，ふきんの使い方があることを知る。	・次の時間にお茶をいれることから，今日は，お茶をいれるときにかかわることについて学ぶことを伝える。	
ガスこんろの使い方を知る。	・ガスこんろの安全な使い方について考える。 ・流しやふきんを使う際の注意点についても考える。	・ワークシートを使って，ガスこんろの安全な使い方について理解できるようにする。 ・水が床にこぼれるとすべって危ないこと，ふきんは台ふきんと食器用ふきんで使い分けることなどを伝える。	・ガスこんろや流し，ふきんの安全な使い方について理解したか（ワークシート）。
次時の学習の確認	次時は，お湯を沸かし，安全に早くおいしくお茶をいれることを確かめる。	家庭科室の安全な使い方について，わかったことをノートにまとめる。	・家庭科室の安全な使い方について理解したか（ノート）。

展開例２　お茶を安全に早くおいしくいれよう（2/2 時間）

学習内容	学習活動	指導上の留意点	評価のポイント
前時の確認	・お茶をいれる際，気をつけるべきことについて確認する。	・前時にまとめた家庭科室内のマップやワークシートを用いる。	
	安全に早くおいしくお茶をいれよう		
安全に早くおいしくお茶をいれる方法を考える。	・点火，炎の調整，消火の仕方を身に付ける。 ・やかんを使って，班の人数分のお茶をいかに早く安全にいれることができるかを考える。	・一人ずつ実際に動作を行い確認する。 ・安全に早くお茶をいれる方法を班ごとに考える。 ・やかんやなべの底がぬれていると，火が消えガス漏れの危険があるだけでなく，ガスの無駄づかいにもなるなど，安全だけでなくエコの観点も必要であることに気づかせる。炎もなべ底からはみ出すと，火傷の危険が増すだけでなく，熱効率が悪いことを伝える。 ・安全に作業することは，「早く」沸かすことつながり，少ないエネルギー量で沸かすことができることに気づかせる。	・正しい点火，炎の調整，消火の仕方を身に付けているか(観察)。 ・安全に早くお茶をいれる計画を立てられているか(観察・ワークシート)。
安全に早くおいしくお茶をいれる。	・各班で立てた計画に沿ってお茶をいれる。	・エコの観点から茶殻の扱いなどもあわせて説明する。（干して消臭剤として利用，水分を絞り掃き掃除のときに利用，炒めてふりかけにするなど） ・計画に沿って進められているか確認する。	・計画に沿って安全に早くおいしくお茶をいれられているか(観察・ワークシート)。
学習のまとめ	・計画どおりにできたか振り返る。 ・学習をとおして気づいたことをまとめ，家庭でできる実践を考える。	・実習を振り返り，良かった点や次に生かしたい点を話し合わせる。 ・家庭での実践とつなげる。	・学習を振り返り，家庭での実践とつなげて考えているか(観察・ワークシート)。

ワークシート例（解答例含む）

クッキングをはじめてみよう！　～手順を考えて安全に調理しよう～

（１）　ガスこんろの使い方と注意することを調べましょう。

	点火するとき	使っているとき	消火するとき
使い方	・器具せんが閉じていることを確認する。 ・ガスせんを開ける。 ・器具せんを押しながら「開」の方へ音がするまで回す。	・器具せんを回して，炎の大きさを調整する。	・器具せんを「止」へ回して火を消す。 ・ガスせんを閉める。
注意すること	・ゴム管にひびはないか，しっかり接続されており，炎にふれない位置にあるか。 ・換気する。 ・火の近くにプリントやふきん，ビニール袋など燃えやすいものは置かない。 ・青い炎が出ていることを確かめる。 ・やかんやなべの底がぬれていると火が消える原因になるので，しっかりとふく。	・やかんやなべの底から炎がはみ出していないか。 ・ふきこぼれたあとや風などで，とちゅうで火が消えていないか確認する。 ・炎の上に手を出したりしない。 ・火のそばを離れない。 ・なべややかんは五徳（ごとく）の中央に置く。	・ガスせんが閉まっていることを確かめる。

（２）　ガスこんろ以外に安全にお茶をいれるときに注意することは何だろう。

もの・場所	注意すること
床	すべって転びやすくなるので，水をこぼさないようにする。
ふきん	食器用と台ふき用で使い分ける。
やかん	持ち手が熱くならないように立てる。 注ぎ口から熱い湯気がでてくるので方向に気をつける。
湯のみ	ガラス製のものは熱で割れる可能性があるので使わない。 熱くなるのでやけどしないようにする。お茶をこぼさないようにする。
その他	

（3）　おいしいお茶を早くいれる計画を立てよう！

○材　料

材　料	1人分	(　　)人分
茶葉	2g（小さじ1）	
湯	100 mL（1/2カップ）	

○それぞれの手順で工夫すること

手　順	安全・エコにおいしいお茶をいれるために工夫すること	計画どおりにできたか振り返ろう(○をつける)
1. 量　る	・必要な茶葉と水の量を正確に量る。 ・水をまわりにこぼさないようにする。	できた・できなかった
2. 湯をわかす	・まわりに燃えやすいものを置かない。 ・やかんの底をしっかりふく。 ・注ぎ口が人の方を向かないようにする。 ・炎が大きくなりすぎないようにする。 ・火がとちゅうで消えてないか確認する。	できた・できなかった
3. お茶をいれる	・同じ濃さになるように，少しずつ順番にそそぐ。 ・熱湯をこぼさないように気をつける。	できた・できなかった
4. 後片づけ	・食器を落とさないようにする。 ・水をこぼさないようにする。 ・食器は食器用ふきんで，調理台は台ふきんでふく。	できた・できなかった

（4）　今日の学習を通してわかったこと

8-2-2 実習を中心とした家庭科の学習を「安全」に行うための指導例

次に，実習を中心とした家庭科の学習を「安全」に行うための指導例について示す。これは，実習の際などに毎時間指導すべき事柄である。安全に実習を行うためだけでなく，安全な毎日の生活を送るために，習慣として身に付けてほしい内容でもある。だが，その時間の学習の主たる目的は他にあったり，児童・生徒の活動時間を確保しようとすると，時間をあまりかけることができない。前項で示したような，安全について1つの題材として学習した後に，必要な都度，確認していくことが有効であろう。授業の最初にチェックシートなどを用いて必ず確認するほか，教室内に要点をまとめて掲示をしておくことも効果的である。

その際，教科書の扉の部分にまとめて載っている場合も多いので，そういったページを活用するとよいだろう。その他に活用できる例として，筆者が東京学芸大学附属学校の教員たちと協力して作成した『調理実習における家庭科室での衛生安全ガイドブック』を紹介する。このガイドブックでは，調理実習を行う際に，安全・衛生的に家庭科室を管理し，児童・生徒に行うべき指導のポイントをまとめている。具体的な内容構成として，目次と紙面の一部を紹介する（図8-1）*）。

---

*）小学校版と中学・高等学校版とあり，東京学芸大学生活科学講座のホームページからダウンロードできる（予定）ので参照していただきたい。

「ガイドブック」の表紙と目次

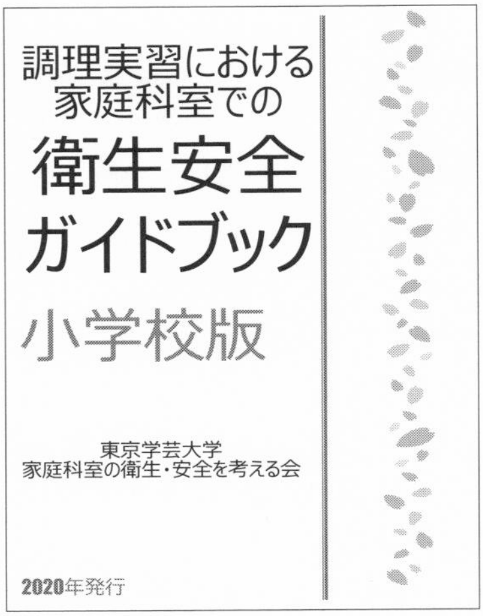

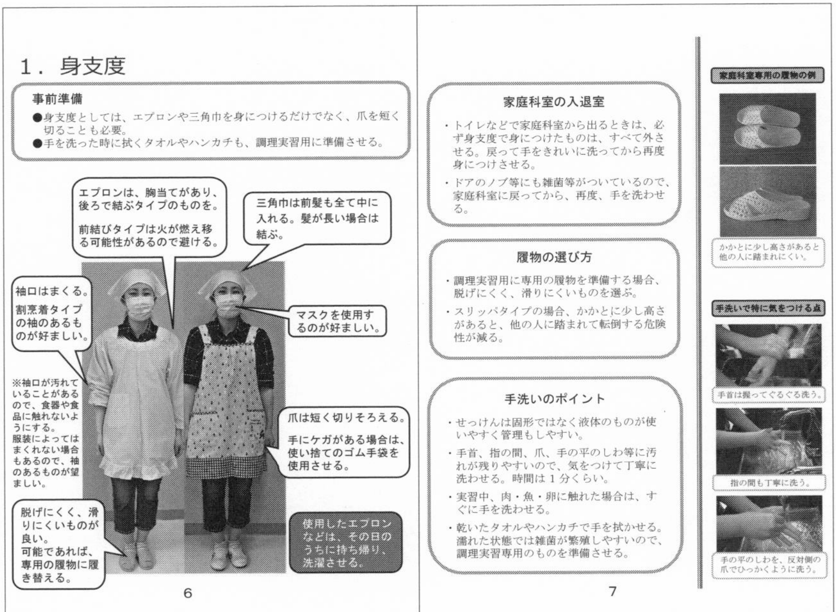

1．身支度

事前準備

●身支度としては、エプロンや三角巾を身につけるだけでなく、爪を短く切ることも必要。
●手を洗った時に拭くタオルやハンカチも、調理実習用に準備させる。

6

家庭科室の入退室

・トイレなどで家庭科室から出るときは、必ず身支度で身につけたものは、すべて外させる。戻って手をきれいに洗ってから再度身につけさせる。
・ドアのノブ等にも雑菌等がついているので、家庭科室に戻ってから、再度、手を洗わせる。

履物の選び方

・調理実習用に専用の履物を準備する場合、脱げにくく、滑りにくいものを選ぶ。
・スリッパタイプの場合、かかとに少し高さがあると、他の人に踏まれて転倒する危険性が減る。

手洗いのポイント

・せっけんは固形ではなく液体のものが使いやすく管理もしやすい。
・手首、指の間、爪、手の平のしわ等に汚れが残りやすいので、気をつけて丁寧に洗わせる。時間は1分くらい。
・実習中、肉・魚・卵に触れた場合は、すぐに手を洗わせる。
・乾いたタオルやハンカチで手を拭かせる。濡れた状態では雑菌が繁殖しやすいので、調理実習専用のものを準備させる。

7

図8-1　実習時に毎回気をつけるべき点をまとめたガイドブック例
（http://www.u-gakugei.ac.jp/˜seikatsu/ よりダウンロード可）

8-3　家庭科における安全教育を行う意義

ここまで述べてきたように，家庭科における安全教育は，「家庭科を学習する視点としての『安全』」「家庭科の学習内容としての生活の『安全』」「実習を中心とした家庭科の学習を『安全』に行うための学習」の３つの視点から行われている。これらは独立したものではなく，重なりあって行われている。また，家庭科のすべての領域にわたって安全について学ぶこととなっている。家庭科は生活そのものを主体的にどう営むかを学ぶ教科であるので，その際，おのずと「安全」であるということがすべてにかかわってくるのである。つまり，家庭科教育全般を通して，「安全」な生活とは何かということを学ぶのだといえる。そして，日常生活の具体的な事象と関連づけながら学び，その後の自分の生活で実践することが，家庭科における安全に関する学びであるといえるだろう。

参考文献

文部科学省(2018a)，小学校学習指導要領解説 家庭編　東洋館出版社
文部科学省(2018b)，中学校学習指導要領解説 技術・家庭編　開隆堂出版

9章

体育科・保健体育科における安全教育

体育科（小学校）・保健体育科（中学校）における安全教育の特色は，小学校5年生から中学校2年生までの発達段階に応じて，事故や災害によって起こる傷害の防止に焦点をあてた授業の構成になっていることである。小学校では，身の回りの生活の危険を中心に，危険を予測し回避する力の育成を主な目的としている。また，中学校では，生涯を通じて交通事故や自然災害の危険を予測し回避する力に加え，基礎的な応急手当を実践できる技能の育成も重視される。小中学校共通して，傷害が起きる原因を人的要因と環境要因に分けて（交通事故の場合は車両要因が加わる）理解するとともに，各要因を関連づけながら具体的な防止策について考え，実生活や実社会に生かすことができる能力の育成が求められている。

9-1　平成29年告示学習指導要領に示されている学習内容

（1）　小学校

体育科では，第5学年の保健領域の「けがの防止」のなかで，「交通事故や身の回りの生活の危険が原因となって起こるけがの防止」「けがの手当」を取り上げ，けがの発生要因や防止の方法，簡単な応急手当等について学習することが示されている。小学校体育科における安全教育は，身近な生活の中で起きるけがの危険要因を予測し回避したり防止する方法を考えること，そしてけがが起きてしまったときには，必要最低限の手当ての方法を理解し実践できるようにすることが主な学習内容となる。また，「身の回りの生活の危険」の学習内容には，犯罪被害に対する防止も含まれている点を理解しておく必要がある。

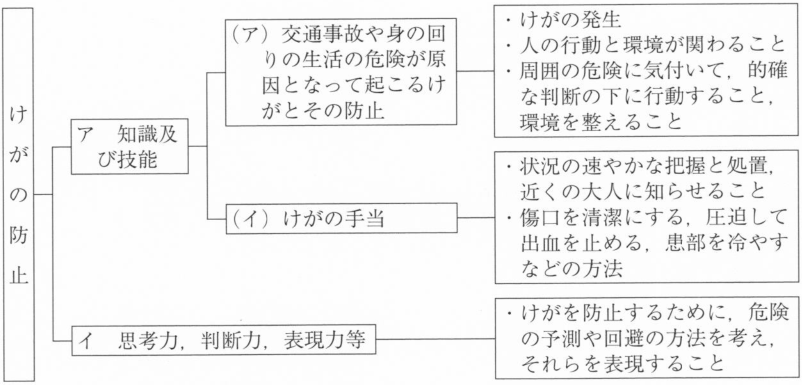

図 9-1　小学校 5 年生「けがの防止」の学習内容（出典：文部科学省（2017a）．小学校学習指導要領解説 体育編，p.153 より引用）

（2）　中学校

保健体育科では，第 2 学年の保健分野において「傷害の防止」として，「交通事故や自然災害などによる傷害の発生要因」「交通事故などによる傷害の防止」「自然災害による傷害防止」「応急手当の意義と実際」を学習することが示されている。また，「交通事故などによる傷害の防止」では「通学路を含む地域社会で発生する犯罪が原因となる傷害とその防止」も取り上げることになっている。さらに「応急手当の意義と実際」では，止血法や AED の使用も含めた心肺蘇生法の実習を行うことにより，習得した正しい知識に基づき，実生活に生かすことができる技能を身に付けることが重視されている。

（3）　学習目標の 3 観点

（知識及び技能）　　小学校【保健領域：第 5 学年】では，交通事故や身の回りの生活の危険などを取り上げ，けがの起こり方とその防止，けがの悪化を防ぐための簡単な手当などの知識およびけがの手当の技能が示されている。

中学校【保健分野：第 2 学年】では，交通事故や自然災害などによる傷害は人的要因，環境要因およびその相互のかかわりによって発生すること，交通事故などの傷害の多くはこれらの要因に対する適切な対策を行うことによって防止できること，また，自然災害による傷害の多くは災害に備えておくこと，災害発生時および発生後に周囲の状況に応じて安全に行動すること，

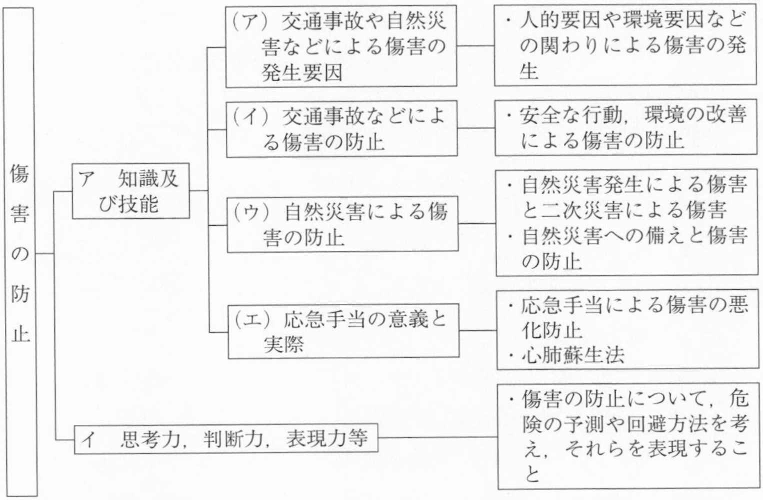

図 9-2　中学校 2 年生「傷害の防止」の学習内容（出典：文部科学省(2017b). 中学校学習指導要領解説 保健体育編，p.220より引用）

災害情報を把握することで防止できること，および迅速かつ適切な応急手当は傷害の悪化を防止することができることなどの知識および応急手当の技能が示されている。

（思考力，判断力，表現力）　学んだ知識を活用するための課題解決に向けた思考力，判断力，表現力等が示されている。たとえば思考力では，傷害が起きる要因を考え，自分の行動の課題を把握し解決方法を考える力，判断力では，多様な事例から傷害が起きるまえの行動を評価し判断したり，傷害の種類にあわせて手当ての方法を選択する力等，表現力では，自分の考えを他者へ説明したり，グループでの話し合いを深めるためのコミュニケーション力等をあげることができる。

（学びに向かう力，人間性等）　小学校学習指導要領解説 体育編（文部科学省 2017a）では，健康の保持増進について，自己の健康の大切さを認識し，健康の保持増進や回復等に主体的に取り組み，健康で豊かな生活を営む態度が示されている。また，学びに向かう力として，自己の感情や行動を統制する能力，自らの思考の過程等を客観的にとらえる力など，いわゆる「メタ認知」があげられている。

中学校学習指導要領解説 保健体育編(文部科学省 2017b)では，自他の健康に関心をもち，現在だけでなく生涯を通じて健康の保持増進や回復をめざす実践力の基礎を育てることが示されている。健康という用語を安全に置き換えて解釈すれば，自他の安全に関心をもち，生涯を通じて傷害の予防やけがの処置を実践できる力の育成が求められている。

9-2　体育科・保健体育科で育成すべき能力

(1)　危険予測・回避能力

第2次学校安全の推進に関する計画(2017c)では，安全教育の内容として「日常生活の中に潜む様々な危険を予測し，自他の安全に配慮して安全な行動をとるとともに，自ら危険な環境を改善できるようにすること」が示されている。渡邉(2013)は，危険予測能力とは，危険が存在する場面において，行動するまえに危険を知覚し，それが身に迫る危険であるかどうか，重大な結果をまねくかどうかを評価する能力であり，危険回避能力とは，危険予測に基づいて迅速かつ的確に，より安全な行動を選択する能力と説明している。危険予測・回避能力の育成は，保健体育科における「傷害の防止」にとって重要な視点である。

(2)　自助，共助，公助

防災教育の3助(自助，共助，公助)のうち，自助と共助の関連を理解しながら学習することが重要である。たとえば救命救急法の学習で，傷病者を発見した直後に確認することは，2次災害の予測と回避である。まず自分の安全を確保することにより，はじめて共助が可能となる点を理解させることが大切である。そして災害時にも，自分の安全を確保できている人の割合が高くなければ共助の効果が見込めない点を理解させ，自己の安全確保が共助を可能にし，被害の軽減につながることを理解させることが重要である。また，自助と共助を効果的に実施するためには，公助を活用するための知識や判断力も必要となることから，3助を関連づけながら事故の防止，防災，減災に必要な行動を考え選択する力を育成することが求められる。

(3)　知識を活用するための汎用的能力

阪神・淡路大震災や東日本大震災をはじめ，特別警報級の自然災害により予想困難な被害が起きている。そのため，ある特定の災害事例だけを想定したマニュアル的な学習では，多様な災害に対応できる汎用的能力を身に付けることはできない。平成29年告示の学習指導要領が，変動を続け予測困難な社会構造の変化に対応するための資質や能力として掲げている“思考力・判断力・表現力”を柱にした安全教育の学習内容が求められる。

たとえば，災害による被害や傷害の種類は，起きた状況や地域によって異なることは，近年の災害の被害状況から明らかである。同じ地震でも，地震の震源地や起きた地域の特色により，起こる被害は異なり，優先する減災対策も建物の倒壊への対策，火災への対策，津波への対策，土砂崩れへの対策など，そのときの状況や地域性により異なってくる。そのため，授業計画として，大地震への予防策や減災の方法を考えさせる際に，一つの事例だけをあげて考えさせることは危険である。少なくとも複数の事例について学習し，共通する点は何かを明確にするとともに，災害の起きた状況や地域の特色によって異なる点についても考えさせることが大切である。

（4）　情報活用能力

事故や災害の防止に必要な力として，情報活用能力も重要である。たとえば，過去の事故や災害の情報から，どのような傷害が発生したか，その原因や対策や課題等，個人やグループで資料等を調べ，整理し発表するといった学習方法をあげることができる。さらに，事故や災害が起きたときに収集すべき情報について考えたり，情報収集の方法を調べ，その情報を活用するときの課題や注意点について考える学習方法等をあげることができる。

9-3　授業展開例

それでは，ここまで解説してきた内容をふまえて，小学校体育科保健領域および中学校保健体育科保健分野における具体的な授業展開例を示す。

小学校では，小学校5年生の単元「学校生活でのけがの防止」と「犯罪被害の防止」を取り上げ，身近な生活事例から，主に危険予測能力と危険回避能力の育成を目的とした授業展開例を示した。中学校では，中学校2年生の単元「交通事故の要因と傷害の防止」と「自然災害による傷害の防止」を取り上げ，多様な事例に対して，多角度から論理的に思考し，判断する力の育成を目的とした授業展開例を示した。

9-3-1　授業展開例(小学校)

(1)　単元名「学校生活でのけがの防止」　小学校5年生

(1-1)　単元の目標

・学校で起きるけがの種類や原因について理解することができるようにする。　(知識)
・けがの防止方法を考え，意見等を伝えることができるようにする。
(思考力・判断力・表現力等)
・進んで意見や考えを出し合い，話し合うことができるようにする。
(主体的に学習に取り組む態度)

(1-2)　本時の展開

段階	学習内容・学習活動	教師の指導・支援　◇評価
導入 10分	1. 学校で起きるけがにはどのような種類があるかあげてみる。 **発問1.**「学校では，どのようなけがが起きているでしょう？」 2. けがの種類，時間，場所について自分や友達の行動を振り返って書き出してみる。 (予測される児童の反応) ・すりきず(昼休み，グランド) ・ねんざ(体育バスケットボール，体育館) 3. 保健室の記録(けがの割合円グラフ)を見て，学校で起きているけがの種類を知る。	まず，自分の経験などから，思い付いたけがの状況について書き出し，その後2人組のペアワークで情報交換させる。 ・授業中より休み時間のけがが多いことを理解させる。
	けがが起きる原因をあげて，防止するための方法を考えよう。	
展開1 15分	4. ヒヤリ・ハット体験やけがした経験を思い出して，けがが起きるさまざまな要因をあげてみる。 人の行動や考え方が原因で起きるけがと，環境が原因で起きるけがに分けてみる。 5. それらの原因から，けがを防止する方法をグループで話し合う。	・ヒヤリ・ハット体験の段階で原因を予測し回避しておくことが大切であることを伝える。 ・何を予測しておけば防げたか，どのような行動をとれば回避できていたか考えさせる。 ◇学校で起きるけがの種類や原因について理解することができたか。(知識)
展開2 15分	6. グループで出された意見や疑問等について話し合い，わかったことをまとめる。 7. グループで話し合ったことを代表者が発表する。	◇けがの防止方法を考え，意見等を伝えることができたか。(思考力・判断力・表現力等) ◇進んで意見や考えを出し合い，話し合うことができたか。(主体的学習態度)
まとめ5分	8. 学校内で起きるけがの防止方法についてまとめたことをノートに整理する。 次時は，学校外の事故(交通事故等)について，原因や防止方法を考えることを伝える。	・危険な要因を予測し(危険予測能力)，要因を取り除くなどにより回避する力(危険回避能力)が大切であることを説明する。

(1-3)　使用する教材例

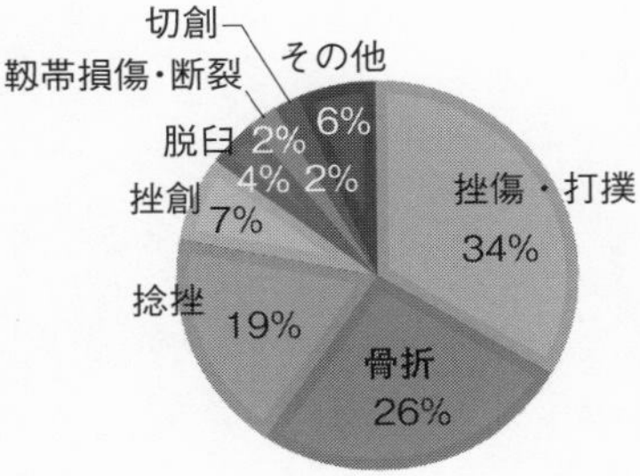

図 9-3　小学校で起きたけがの種類（平成 30 年度日本スポーツ振興センター統計資料をもとに作成）

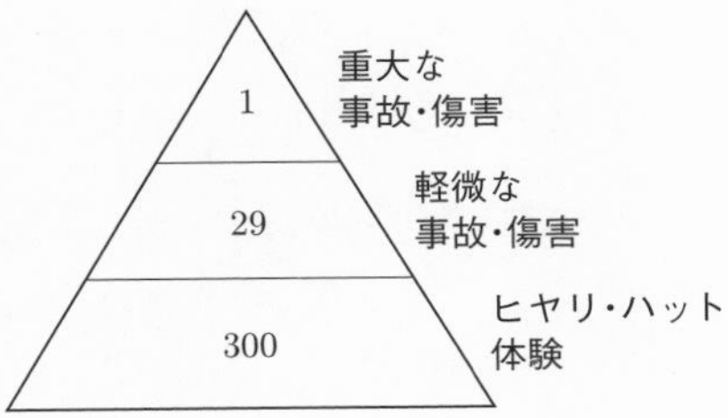

図 9-4　ハインリッヒの法則*)

表 9-1　学校生活でのけがの要因と防止方法を考える学習プリント記述例

ヒヤリ・ハット体験やけがをした経験	人的要因	環境要因	防止方法 何を予測し，どのような行動をすれば回避できたか
廊下の曲がり角で人とぶつかりそうになった。	○	△	曲がり角では向こうから来る人がいるかもしれないことを予測する。 急いでいても廊下は歩く。 余裕をもった行動。
雨上がりの校庭でサッカーをしてすべって転んだ。	△	○	雨上がりだったのですべるところを予測する。 雨上がりでは，走るスポーツは行わない。
昼休みに教室で相撲をしていて投げた相手が机の角に頭を打った。	○	△	投げた後にどのようなことが起きるか予測する。 まわりに危険なものがないか予測する。 狭い場所や硬いものがある近くで遊ばない。
友達の背中にけしごむを投げたら，振り返って目に当たってしまった。	○		振り返るかもしれないことを予測する。 ねらったところ以外に当たることを予測する。 相手が気づいていないときに，ものを投げない。

*）1930 年代にハインリッヒ（Heinrich, H.W.）が発表した法則。重大な事故・傷害の背景には軽微な事故や傷害があり，さらにその背景には，多数の「ヒヤッ」としたり「ハット」した体験が起きているという理論。

（2） 単元名 「犯罪被害の防止」 小学校5年生

(2-1) 単元の目標

・小学生が巻き込まれる可能性がある犯罪被害の内容を理解することができるようにする。（知識）

・犯罪被害の防止方法を考え，意見等を伝えることができるようにする。（思考力・判断力・表現力等）

・進んで意見や考えを出し合い，話し合うことができるようにする。（主体的に学習に取り組む態度）

(2-2) 本時の展開

段階	学習内容・学習活動	教師の指導・支援 ◇評価
導入 10分	1. 小学生が巻き込まれる犯罪被害にはどのような種類があるのか説明を聞く。 ○声かけ，つきまとい，車両さそいこみ等 2. 小学生への声かけ等は，どの時間帯が多いか考える。 **発問1.**「犯罪被害は，どの時間帯に多く起きているのでしょうか？また，それはなぜでしょうか？」 (予測される児童の反応) 時間：夜に多い 理由：暗くて隠れやすいから ・犯罪が起きる時間帯は，帰宅時が多いことを知る。	・地域の警察が公表している不審者情報に関する資料から，犯罪被害の種類について説明する。 2, 3人の意見が出た後に資料(犯罪が起きる時間帯)を確認させる。 ・15：00 ～ 17：00帰宅時に多いことを理解させる。
	犯罪被害を防止する方法を考えよう。	
展開1 15分	3. 犯罪の起きやすい，一人では危ない場所について考える。 **発問2.**「身近な場所で，一人でいると危ない場所とは，どのような所でしょう？」 (予測される児童の反応) ・人通りの少ない裏道，地下道，公園の奥 4. 声かけ事例(下校中に友達から別れ一人になったときに知らない人から声をかけられた。)について，どのような行動をとればよいか考える。	・危険な要因を予測し(危険予測能力)，危険な場所を通らないようにしたりするなど，危険を回避する力(危険回避能力)が大切であることを説明する。 ◇小学生が巻き込まれる可能性がある犯罪被害の内容を理解することができたか。(知識) ◇犯罪被害の防止方法を考え，意見等を伝えることができたか。(思考力・判断力・表現力等)

展開2 15分	・防止する方法についてまず自分で考えたことを書き出し，グループで話し合う(疑問点や意見を出し合う)。 ・グループで話し合ったことを整理し発表する。 5.「いかのおすし」の説明を聞く。 6. 4人一組で「いかのおすし」を使ってロールプレイを行う。 誘う役1名，児童役1名，評価者2名	◇進んで意見や考えを出し合い，話し合うことができたか。(主体的学習態度) ・ロールプレイ評価の観点 イカ：行かない。　の：乗らない お：大声でさけぶ。　す：すぐにげる し：知らせる。 いつ，誰が，どこで，何をしたかを伝え，学校や警察へ連絡してもらう。
まとめ5分	・ロールプレイで評価の高かった人の方法を全体に発表する。 ・次回の総合的な学習では，地域の危険箇所(交通事故，犯罪被害等)の実地調査を行い，ハザードマップを作成することを伝える。	・評価の高かった人の良かった点を説明する。 ・学校全体で計画している安全教育について体育科(保健領域)と他教科とのつながりを考えることが大切である点を説明する。

(2-3)　使用する教材例　「いかのおすし」を用いたロールプレイ

声かけ例

①○○に行きたいんだけど，よかったら道を案内してくれませんか？お礼します。

②こんにちは，君かわいいね(かっこいいね)。モデルにならない？

③白い子犬を見なかった？ お礼するから一緒に探してくれない？

④私はお父さんの部下です。お父さん事故にあって○○病院に運ばれたからすぐに車に乗って。

9-3-2　授業展開例(中学校)

(1)　単元名「交通事故の要因と傷害の防止」　中学校２年生

(1-1)　本時の目標

・中学生の交通事故の状況や原因について，人的要因，車両要因，環境要因に分けて理解することができるようにする。（知識）

・自転車事故の防止方法を考え，意見等を伝えることができるようにする。（思考力・判断力・表現力等）

・進んで意見や考えを出し合い，話し合うことができるようにする。（主体的に学習に取り組む態度）

(1-2)　本時の展開

段階	学習内容・学習活動	教師の指導・支援　◇評価
導入10分	1. 自転車と自動車の交通事故の写真を見る。 2. 中学生に起きやすい交通事故の特徴について，自分のヒヤリ・ハット体験と資料からわかったことを書き出す。 ・中学生の交通事故は，自転車によるものが５割を超えていることを知る。	まず，個人で考えたことを書き出し，その後ペアワークで情報交換する。 ・本時は，自転車事故を中心に交通事故が起きる原因と防止策を考える学習であることを説明する。
展開1　20分	**自転車事故が起きる原因を理解し，防止するための方法を考えよう。**	
	3. 中学生の自転車事故の原因を考える。 **発問１.**「中学生の自転車事故は，どのような原因で起きているでしょう？」 (生徒の反応) ・スピードの出しすぎ，一時停止無視，ながら運転(スマホ) 4. 自転車事故の原因を人的要因，車両要因，環境要因に分類してみる。 5. ３要因の分類から，事故を防止したり軽減する方法を考え，グループで話し合う。また意見を伝える際には，その理由を説明する。	・自転車事故の約６割は，交通違反が原因であり，人的要因(あまい認知)が主要因であることを説明する。主要因を助長する要因として環境要因や車両要因があることも説明する。 ・ハドンのマトリックス*)をもとに作成した表に記入させる。 ・交通事故による傷害の防止には，危険要因を予測し(危険予測能力)，要因を取り除く等により回避する力(危険回避能力)が大切であることを確認する。

＊）ハドンのマトリックスとは，1970年にハドン(Haddon, W. Jr.)が傷害のリスク要因(人的要因，動因，環境要因)を時間軸(事故発生前，事故発生時，事項発生後)に分けて分類したもの。

	6. グループでまとめた表を黒板に貼り，代表者が説明する。 各グループの発表より，共通点や差異について確認し，人的要因と車両要因と環境要因を関連づけながら自分の考えを整理し学習プリントへまとめる。	◇中学生の交通事故の状況や原因について，人的要因，車両要因，環境要因に分けて理解することができたか。（知識） ◇自転車事故の防止方法を考え，意見等を伝えることができたか。（思考力・判断力・表現力等） ◇進んで意見や考えを出し合い，話し合うことができたか。（主体的学習態度）
展開2 10分	7. 中学生が自転車事故の加害者となった新聞記事を読み，自転車を運転する責任について理解する。 8. 自転車安全利用5則を確認する。 ①自転車は，車道が原則，歩道は例外 ②車道は左側を通行 ③歩道は歩行者優先で，車道寄りを徐行 ④安全ルールを守る ⑤子どもはヘルメットを着用	・自転車を運転する際には，交通法規上の責任がともなうことを理解させる。特に，安全ルールの具体的な内容を確認させる。 二人乗りや並進の禁止，夜間のライト，スマホやイヤホンの禁止，交差点での信号遵守等
まとめ 10分	中学生の自転車事故の大半は，交通ルールの遵守，自転車の整備，環境への対応で防げることを確認する。	他者の事故を発見したときは，迅速に救急車要請や応急処置を行う必要があることも説明する。

(1-3)　使用する教材例（図9-5および図9-6は，神奈川県警ホームページ 平成30年統計資料より作成）

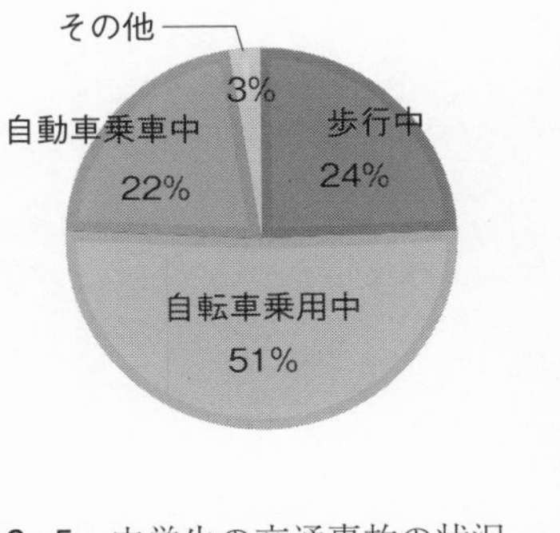

図9-5　中学生の交通事故の状況

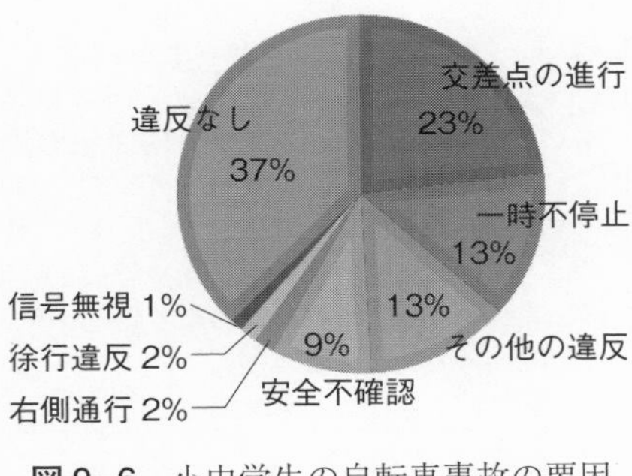

図9-6　小中学生の自転車事故の要因

表 9-2　ハドンのマトリックスを用いて自転車事故の要因を考える教材

	人　間	自転車	環　境
事故発生前	疲労，片手運転， スマホ操作， スピード出しすぎ	車輪の空気圧 ブレーキ整備不足	気象状況 路面状況(ぬれている等)
事故発生	ヘルメット非着用	ブレーキの効き具合	見通しの悪い交差点
事故発生後	事故発見の遅れ 応急処置のスキル不足	自転車と自動車の車体 に足をはさまれる	人通りの少ない場所

（2）　単元名「自然災害による傷害の防止」　中学校 2 年生

(2-1)　本時の目標

・自然災害時に起きる傷害の要因を理解することができるようにする。　(知識)
・災害の状況にあわせて傷害の防止方法を考え，意見等を伝えることができるようにする。
(思考力・判断力・表現力等)
・進んで意見や考えを出し合い，話し合うことができるようにする。
(主体的に学習に取り組む態度)

(2-2)　本時の展開

段階	学習内容・学習活動	教師の指導・支援　◇評価
導入 10分	1. 阪神・淡路大震災の写真を見る。 2. 地震災害時には，どのような傷害が起きる可能性があるのか書き出してみる。 (生徒の反応) ・家具転倒による打撲，骨折 ・ガラス破損による切り傷 ・火災による火傷 ・寒さによる低体温	・家具転倒やガラス飛散の部屋の写真と，住宅密集地の火災の写真を提示する。 ・災害による傷害の種類は多いが，事前に防止できることも多く，自然災害時の傷害の原因から軽減する備えをしておくことが大切であることを伝える。
展開1 20分	**地震災害時に起きる傷害を軽減するためにはどのような準備が必要か。** 自然災害の傷害には，1 次災害と 2 次災害によるものがあることを知る。 3. 地震災害時の傷害を軽減するための方法を考える。考えたことを書き出し，4 人組で話し合う。	地震災害時の傷害は，事前に危険要因を予測し，防止に向けた準備することで回避できることが多いことを説明する。 ◇自然災害時に起きる傷害の要因を理解できたか。(知識)

	・家具転倒防止，ガラス飛散防止， ヘルメット，部屋履き，防寒具，消火器， 救急用品等	
	4. 防災，減災の３助(自助，共助，公助)の説明を聞く。	まず自助により，自分の安全を確保することで共助につながることを説明する。
	地震災害発生時には、どのような行動をどのような手順でとるべきか。	
	発問 1.「家で留守番中に，緊急地震速報が入りました。あなたはどのような行動をとりますか？」 (生徒の反応) 安全な場所へ移動する，テレビで情報を見る，火を消す，非常用持ち出し袋をとる	緊急地震速報の段階(まだ揺れがきていない)で準備すべきことは何か，とるべき行動について考えさせる。
	発問 2.「その数秒後に，大きな揺れが始まりました。あなたは，どのような行動をとりますか？」 5. 地震災害発生時にとるべき行動とその優先順位について話し合い，発表する。	
	6. 防災マニュアル等の資料より，話し合ったことを評価し，必要があれば修正する。	・居住地域の行政や消防署等で出している防災マニュアルを使用する。
展開2 15分	7. 地震が起きた場所や状況の異なる３つの事例ついて，とるべき行動について考え共通点，相違点を整理する。 事例１：ビーチリゾートの浜辺で海水浴時 事例２：数日前に大雨警報が出ていた山岳地にあるキャンプ場の炊飯時 事例３：木造の老舗温泉旅館街に宿泊時，地震直後に火災発生	・３事例とも，クラスの仲間と一緒に行った旅行先で起きた状況を想定して，考えさせる。 ◇災害の状況にあわせて傷害の防止方法を考え，意見等を伝えることができたか。(思考力・判断力・表現力等) ◇進んで意見や考えを出し合い，話し合うことができたか。(主体的学習態度)
	(共通点) ・安全な場所を探し，身を守る ・避難の必要性について判断する ・避難のタイミングを判断する ・まわりに声を掛け助け合いながら逃げる ・ラジオ等より必要な情報を入手する	・どのような場所が安全か ・もっと安全な場所はないか(移動) ・どのタイミングで移動すべきか ・災害弱者の人へ声を掛け，可能なら一緒に避難する。 ・正しい情報の入手。
	(相違点) ・行動の優先順位 ・逃げる方向やタイミング ・他者の救助がどの程度可能か	火災，水害，津波，土砂崩れなどの状況により，とるべき行動の優先順位が違ったり逃げる場所やタイミングが異なることを説明する。

まとめ10分	①住んでいる地域の危険要因等を防災マニュアルで確認し，防災の準備をする。 ②旅行等では，その土地や宿泊先等の状況にあわせて，危険を予測し，準備する。	居住地域の防災マニュアルや防災情報の入手方法を確認する。 備蓄品や安否情報の確認方法等，家族で相談すべきことを確認する。

(2-3)　教材例

①阪神・淡路大震災 写真から見る震災(神戸市)　家具転倒の写真と家屋火災の写真を使用

②防災マニュアル例として災害時区民行動マニュアル(世田谷区)を使用

参考文献

文部科学省(2017a)，小学校学習指導要領(平成29年告示)解説 体育編

文部科学省(2017b)，中学校学習指導要領(平成29年告示)解説 保健体育編

文部科学省(2017c)，第2次学校安全の推進に関する計画(p.14)

渡邉正樹(2013)，今，はじめよう新しい防災教育(p.22)　光文書院

WHO. Injury Surveillance Guidelines. 2001.

教材例資料

日本スポーツ新興センター．学校の管理下の災害(令和元年版)．2019年11月
https://www.jpnsport.go.jp/anzen/kankobutuichiran/tabid/1928/Default.aspx
(2020年1月12日確認)

神奈川県警察本部交通部交通総務課．神奈川の交通事故平成30年統計
https://www.police.pref.kanagawa.jp/pdf/f0263_01.pdf (2020年1月12日確認)

神戸市公式サイト．阪神・淡路大震災写真から見る震災．学校No.01，長田区No.10
https://www.city.kobe.lg.jp/a44881/bosai/disaster/earthquake01/earthquake03/index.html (2020年1月14日確認)

世田谷区公式サイト．災害時区民行動マニュアル
https://www.city.setagaya.lg.jp/mokuji/kurashi/005/003/003/d00028764_d/fil/28764_1.pdf (2020年1月14日確認)

10章

総合的な学習の時間における安全教育

本章では，まず総合的な学習の時間の特徴を紹介したうえで，総合的な学習の時間と安全教育の関係について検討し，基礎資料と教材例に基づいて指導計画の提案を行う。

10-1　総合的な学習の時間とは

総合的な学習の時間とは，文部科学省が設定し，小学校第3学年から中学校第3学年まで実施されている教育内容である。小学校では3～6年の各学年年間70時間(1単位時間は45分)，中学校は1年で年間50時間，2～3年で年間70時間(1単位時間は50分)である。そのため，日本の児童生徒は470単位時間の総合的な学習の時間を学ぶ。

文部科学省は，小学校と中学校の総合的な学習の時間の目標を共通にして次のように示されている。(文部科学省 2017a, b)

> 探究的な見方・考え方を働かせ，横断的・総合的な学習を行うことを通して，よりよく課題を解決し，自己の生き方を考えていくための資質・能力を次のとおり育成することを目指す。
>
> (1)　探究的な学習の過程において，課題の解決に必要な知識及び技能を身に付け，課題に関わる概念を形成し，探究的な学習のよさを理解するようにする。
>
> (2)　実社会や実生活の中から問いを見いだし，自分で課題を立て，情報を集め，整理・分析して，まとめ・表現することができるようにする。

(3) 探究的な学習に主体的・協働的に取り組むとともに，互いのよさを生かしながら，積極的に社会に参画しようとする態度を養う。

特徴としては，「探究的な見方考え方」をはたらかせることである。「探究的な見方考え方」とは,「各教科等における見方･考え方を総合的に活用して，広範な事象を多様な角度から俯瞰して捉え，実社会･実生活の課題を探究し，自己の生き方を問い続けるという総合的な学習の時間の特質に応じた見方・考え方」(文部科学省 2017c, p.10)と定義されている。このように，各教科等の学習成果を生かした探究と自己の生き方を問うことは，たとえば，経済協力開発機構(OECD)の Education 2030 事業で示す生徒のエージェンシーともつながる。なお，エージェンシーは，Well-being に向かう主体的な学習態度である。さらには，国際バカロレア(International Baccalaureate)の示す IB の学習者像(IB learner profile)では，探究する人(inquires)，考える人(thinkers)，挑戦する人(risk-takers)などにつながる。

10-2 総合的な学習の時間における安全教育

総合的な学習の時間における安全教育を考えるにあたっては,『学校安全資料 「生きる力」をはぐくむ学校での安全教育　本編』(文部科学省 2019a),『同　別表，付録』(文部科学省 2019b)などの資料が役に立つ。

これらの資料では，小学校では，町探検，交通安全ポスターづくり，安全マップづくりが例として取り上げられている。中学校でも，交通安全対策，安全マップづくりが例として取り上げられている。これらは小学校と中学校で関連した指導ができる内容である。さらに中学校では，これらに加えて，防災まちづくり・くにづくりが例として加わっている。この部分は中学校の特徴である。指導計画と指導案の例についてはのちに説明する。

以下の節では，地域安全，交通安全，災害対策がどのように総合的な学習の時間に位置づくかを説明していきたい。その際，学習指導要領(文部科学省 2017)，国連の SDGs(国連 2015)，OECD の Learning compass 2030(OECD 2019)におけるコンピテンシーとエージェンシー，国際バカロレアの IB の学習者像(国威バカロレア)などと対比させながら総合的な学習の時間での安全教育について検討を深めたい。

総合的な学習の時間の探究課題は，「国際理解，情報，環境，福祉・健康などの現代的な諸課題に対応する横断的・総合的な課題」と，「地域や学校の特色に応じた課題」，「生徒の興味・関心に基づく課題」，「職業や自己の将来に関する課題」である（文部科学省 2017c，p.30）。

一方，国連のSDGsは2030年までの国際目標で，17のグローバル目標と169のターゲット（達成基準）から成り立つ。具体的には，1）貧困をなくす，2）飢餓をゼロに，3）人々に健康と福祉を，4）質の高い教育をみんなに，5）ジェンダーの平等，6）安全な水とトイレを世界へ，7）クリーンなエネルギー，8）働きがいも経済成長も，9）産業と技術革新の基盤をつくろう，10）人や国の不平等をなくそう，11）住み続けられる街づくりを，12）つくる責任つかう責任，13）気候変動に具体的な対策を，14）海の豊かさを守ろう，15）陸の豊かさを守ろう，16）平和と公正をすべての人に，17）パートナーシップで目標を達成しよう，である。また，OECDのEducation 2030事業でLearning compass 2030として提唱するコンピテンシーとエージェンシーは，知識・スキル・態度価値といった従来から重視してきたものとともに，責任感，緊張・ジレンマへの対処，新しい価値の創造など現代的なものが含まれている。エージェンシーはWell-beingに向かう主体的な学習態度である。さらに，IBの学習者像は，1）探究する人，2）知識のある人，3）考える人，4）コミュニケーションができる人，5）信念をもつ人，6）心を開く人，7）思いやりのある人，8）挑戦する人，9）バランスのとれた人，10）振り返りができる人，である。

10-3 指導計画作成のための基礎資料

10-3-1 対象とする指導案の選定

総合的な学習の時間と安全教育の関係については，実践事例の側面から説明できる。小学校では，「○○大好き～町たんけん」（3年），「交通安全ポスターづくり」（4年），「安全マップづくり」（5年），「社会の一員として活動しよう」（6年）がある。中学校では，〈活動例〉「わが町の交通安全対策調べ」「学区安全マップづくり」「防災まちづくり・くにづくり」などがある（文部科学省 2019，pp.128-131）。これらの実践事例について，指導案などをもとにして安全教育の視点から考察を加えることとする。小学校に独自なものが

「○○大好き～町たんけん」(3年)と「社会の一員として活動しよう」(6年)，小学校と中学校に共通するものが「安全マップづくり」，中学校に独自なものが「防災まちづくり・くにづくり」である。ここでは，町たんけん，安全マップづくり，災害対策について検討してみよう。

10-3-2　災害対策：学習教材「防災まちづくり・くにづくり」

内閣府が作成した学習教材「防災とまちづくり・くにづくり」は防災教育の教材である。防災教育は安全教育の一部分をなしている。そのため，この教材も安全教育の目標に準じて取り扱われる(内閣府 2015)。この教材の内容は，自然からの恵み，大雨で何が起こる？ 巨大地震で何が起こる？ 防災による被害，防災の後遺症，私たちにできること(ワークシート)などによって構成されている。この教材は，事実の伝達を中心としつつ，学習教材の後半で「安全でつよいまちをつくってみよう」というワークシートで構成されている。ワークシートは児童生徒に，学校，幼稚園・保育園，市役所，工場，病院，消防所，石油コンビナートなどをどのような地形の場所に配置したらよいかを考えさせるものである。

図 10-1　学習教材「防災まちづくり・くにづくり」(内閣府 2015)*)

総合的な学習の時間の探究課題には，先に示したように，現代的な諸課題に対応する横断的・総合的な課題，地域や学校の特色に応じた課題，児童生徒の興味・関心に基づく課題，職業や自己の将来に関する課題がある(文部科学省 2017c, p.30)。この教材は児童生徒に自身の地域を念頭に考えさせるため，総合的な学習の時間では「地域や学校の特色に応じた課題」に該当する。地域社会を念頭におく防災に類するものとしては，町づくり，伝統文化，地域経済などがある。これらの内容では，地域の人々や組織などか

*) 内閣官房ホームページ(https://www.cas.go.jp/jp/seisaku/kokudo_kyoujinka/textbook.html)より引用。

らの協力を得て，生徒が地域における自己の生き方とのかかわりで考え，地域の一員として地域社会で行動していこうとすることなどをめざしている。

国連のSDGsとの関連では，持続可能な開発目標・SDGsの目標11「住み続けられるまちづくりを」との関連が深い。この目標のターゲットは，さらに10項目に分けられている。このなかでは，ターゲット11.5の「2030年までに，貧困層及び脆弱な立場にある人々の保護に焦点をあてながら，水関連災害などの災害による死者や被災者数を大幅に削減し，世界の国内総生産比で直接的経済損失を大幅に減らす。」や，ターゲット11.bの「2020年までに，包含，資源効率，気候変動の緩和と適応，災害に対する強靱さ(レジリエンス)を目指す総合的政策及び計画を導入・実施した都市及び人間居住地の件数を大幅に増加させ，仙台防災枠組2015-2030に沿って，あらゆるレベルでの総合的な災害リスク管理の策定と実施を行う。」などと関連するものである。

次に，OECDのLearning compass 2030との関係で学習教材「防災まちづくり・くにづくり」をみてみよう。この学習教材は，災害についての知識を学び，未来に向けて自分たちで災害に強い街をつくるアイディアを考える教材である。そのため，Well-beingをめざすこと，責任感(Taking responsibility)を重視すること，知識とともに態度・価値(Attitude and Values)を活用すること，主体性(Student agency, Co-agency)を重視することなどが関連している。

さらに，IBの学習者像との関連もみておこう。IBの学習者像では，先述したように，探究する人，知識のある人，考える人，コミュニケーションができる人，信念を持つ人，心を開く人，思いやりのある人，挑戦する人，バランスのとれた人，振り返りが出る人，を理想とする学習者像として設定している。学習教材「防災まちづくり・くにづくり」では，児童生徒が防災についての知識を得て，安全なまちづくりについて考え，より安全な状態について探究する。そのため，本学習教材では，IBの学習者像の探究する人，知識のある人，考える人などの力について効果が期待できる。さらに，指導方法を工夫すると，未来の安全に向かって公正な考え・強い正義感などの信念をもったり，作業を通してコミュニケーションをとったり，安全な未来に向かって挑戦したりということを重視することもできる。その意味では，総合的な学習の時間でこの安全教育の学習教材を実施すると，同時にIBの学習者像の一部分についての効果も期待できる。

10-3-3　地域の安全：安全マップづくり

小学校・中学校で取り組まれている安全マップづくりについては，たとえば，「地域安全マップづくり指導マニュアル」(東京都青少年・治安対策本部総合対策部安全・安心まちづくり課 2016)などがある。このマニュアルでは，事前学習，フィールドワーク，地域安全マップの作製，発表会の4ステップでの実施が想定されている。授業指導案としては全4時間の教育内容である。STEP1では，危険予測には入りやすく見えにくい「場所」への知識が必要であることを学ぶ。STEP2では，児童生徒が自ら危険予測ができるようになるようにする。STEP3では，児童生徒が調査に基づいてマップを作成する。STEP4では，下級生などに向けて発表会をして安全についての理解を深める(東京都青少年・治安対策本部総合対策部安全・安心まちづくり課 2016)。

この指導マニュアルは，児童生徒が犯罪被害に遭わないようにするために作成されたものであるため，総合的な学習の時間の探究課題のなかでは，「地域や学校の特色に応じた課題」に該当する。

図 10-2　地域安全マップづくり指導マニュアル(東京都青少年・治安対策本部総合対策部安全・安心まちづくり課 2016)*)

国連のSDGsでは，先述の防災教育の学習教材と同様に，11）住み続けられる街づくりを，17）パートナーシップで目標を達成しよう，などにかかわる内容である。この教材では，児童生徒に犯罪が起こりやすい場所(危険な場所)と犯罪が起こりにくい場所(安全な場所)についての知識を伝達する。そして児童生徒がグループとなり地域の人にインタビュー調査をし，マップ作製が行われ，発表する。

---

*）http://www.tomin-anzen.metro.tokyo.jp/about/pdf/poster-leafret/chiikianzenmapdukuri.pdf より引用。

OECDのLearning compass 2030として提唱するコンピテンシーとエージェンシーは，安全の場所についての知識・調査のスキルなどとともに，犯罪に遭わないために有用な地域安全マップという価値の創造がなされる。そして，地域安全マップの作成過程で主体的な学習態度である生徒エージェンシーがはぐくまれる。

IBの学習者像のなかでは，STEP1で事前に安全な場所について学ぶので，2）知識のある人，3）考える人，STEP2で地域の人にインタビュー調査をするので，1）探究する人，4）コミュニケーションができる人，STEP3でマップ作製をするので，8）挑戦する人，STEP4で発表会をするので，10）振り返りができる人，などの学習者像に近づくことができる。

『学校安全資料 「生きる力」をはぐくむ学校での安全教育 別表，付録』(文部科学省 2019b)で，小学校で総合的な学習の時間における安全教育として単元名が例示されている「○○大好き～たんけん」(3年)についても，小学校5年の安全マップにつながる地図作りの活動として実施される。そのため，町たんけんと地域安全マップづくりは系統的な学習として指導できる。

10-3-4 交通安全

交通安全に関して，総合的な学習の時間の安全教育の活動例となっているのは，「交通安全ポスターづくり」(4年)や「わが町の交通安全対策調べ」(中学校)である。従来から各地域・教育委員会で小・中学校における安全教育は推進されている。かつて文部科学省でも，交通安全教育についての調査結果をまとめている(文部科学省 2014)。この調査では，小，中学校にアンケート調査を実施して，各学校において交通安全教育として効果があるとした取り組みの状況を抽出している。そして，効果的な事例のヒアリング調査[*)]を行っている。

中学校では，特徴的な取組み事例としては，「講話・講演」が多く，ついで「実技指導」「ビデオ・紙芝居・人形劇等」「進路の視察」となっている(図10-3)。一方，中学校とは異なり，小学校の場合，「実技指導」がもっとも

＊）この調査のなかでの学校向けアンケート調査の調査対象は，市区町村ごとに公立学校の総学校数の1割を無作為抽出(小学校3,025校，中学校2,009校を対象)している。抽出は各所管教育委員会において実施された。調査方法は，所管教育委員会宛電子メール配布，電子メール回収である。調査時期は2014年1月下旬～2月上旬，回収状況は小学校2,070校／3,025校(回収率：68.4％)，中学校1,446校／2,009校(回収率：72.0％)であった。

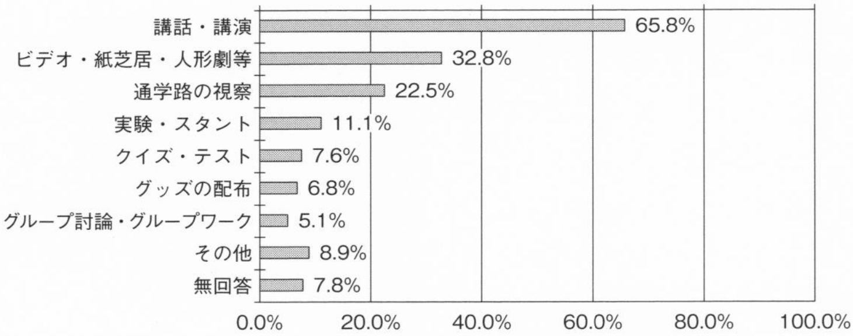

図 10-3　中学校で特徴的な取組み事例の実施形態（複数回答，$n = 1{,}375$）
（文部科学省(2014)の資料をもとに作成）

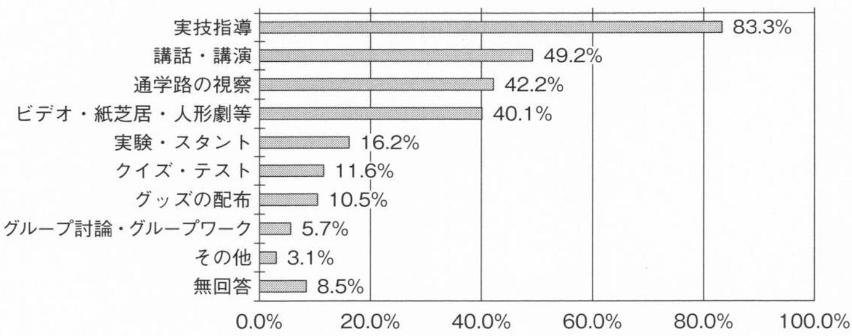

図 10-4　小学校で特徴的な取組み事例の実施形態（複数回答，$n = 2{,}059$）
（文部科学省(2014)の資料をもとに作成）

多く，次いで「講話・講演」「進路の視察」「ビデオ・紙芝居・人形劇等」となっている(図 10-4)。

なお，「実技指導」と「講話・講演」については，中学校では「講話・講演」が多く，小学校では「実技指導」が多いことが特徴である。これは，すでに中学生はいったん小学校で自転車の乗り方などの実技については学んでおり，自転車の活用に慣れている生徒も多いためではないかと考えられる。また，「通学路視察」と「ビデオ・人形劇・紙芝居等」については，中学校では「ビデオ・人形劇・紙芝居等」が多く，小学校では「通学路視察」が多い。このことは，小学校のほうが一般的には学区が狭いため，中学校での通学路視察よりも小学校のほうが実施しやすいためではないだろうか。

具体的な事例ヒアリングが行われたのは，宮城県教育委員会他のサイクルサミット事業，つくば市の2つの小学校，日野市の小学校，苫小牧ドライビングスクールなどである。サイクルサミットでは，「みやぎ高校生自転車利用マナーアップ活動」などが教育活動として行われている。つくば市の小学校では，総合的な学習の時間に相当する「つくばスタイル科」という教科のなかで，交通安全教育が実施されている事例などがある。また，日野市の小学校では，文部科学省が作成した安全教育のDVDを随時活用し，「こんな時にどうするか」といった状況設定問題を実施している。

交通安全に関する指導も，児童生徒が主として地域社会のなかで交通事故等に遭わないようにするために実施されている。そのため，総合的な学習の時間の探究課題のなかでは，「地域や学校の特色に応じた課題」である。国連のSDGsは，2030年に向かって持続可能な社会の構築をめざしている。事故防止を主眼とする交通安全教育とは直接的な関係は見とりにくいが，交通安全教育を住み続けられる地域社会という視点から広く解釈すれば，ゴール11）住み続けられる街づくりを，に関連する取り組みともとれる。OECDのLearning compass 2030として提唱するコンピテンシーとエージェンシーは，交通ルール等についての知識や交通安全についてのスキルや態度・価値は，安全教育で身に付く。主体的な学習態度としてのエージェンシーについては，交通安全教育の実施形態や児童生徒の関与の仕方によって多様だと考えられる。IBの学習者像のなかでは，2）知識のある人，3）考える人などについては関連する。総合的な学習の時間として実施する際には，主体性を発揮させるため，1）探究する人，5）信念をもつ人，8）挑戦する人，10）振り返りができる人，などを意識したり，人間関係形成の視点を意識して，4）コミュニケーションができる人，6）心を開く人，7）思いやりのある人，9）バランスのとれた人，などを意識して指導したりするとよい。

10-4　安全教育教材の例

（1）　地域安全教育

地域安全マップづくりは，全国的に展開されている安全教育の内容の一例である。東京都教育員会(2019)でも，安全教育プログラムを作成している。そして，安全教育の内容を，生活安全，交通安全，災害安全，避難訓練に区分している。地域安全マップづくりを通して，安全・安心なまちづくりのために児童生徒が情報を地域へ発信する学習の事例も掲載されている。東京都教育委員会作成のプログラムのなかには10時間扱いの指導計画や指導案の例などが掲載されている。また，国土地理院は全国地域安全マップコンテストを開催しており，受賞作品を公開している。そこには，たとえば図10-5のような作品が掲載されている。これらの優秀作品を参考にすると，地域安全マップを用いた安全教育は，より推進しやすくなる。

図10-5　第20回全国児童生徒地図優秀作品展，多摩市の例（作者：黒澤 奏・面谷拓夢・萩原拓洋・川辺麗來・板垣茉歩・澤田紗希）（国土地理院 2017）

（2）　交通安全教育

交通安全の教材にもさまざまなものがある。ここでは，内閣府が作成した「中学生・高校生向け自転車交通安全講座」（2018）を例に示す。この教材は，交通事故の現状と自転車安全利用のルールを紹介し，自転車事故で問われる責任について述べ，自転車運転チェックリストを示し，自転車交通ルールクイズも掲載されている（図10-6）。

クイズ形式の教材のよさとしては，児童生徒が個別に積極的に取り組むことができること，自分の意見をもって同級生とディスカッションができること，正解があるので基礎的な知識を身に付けることができること，などがある。

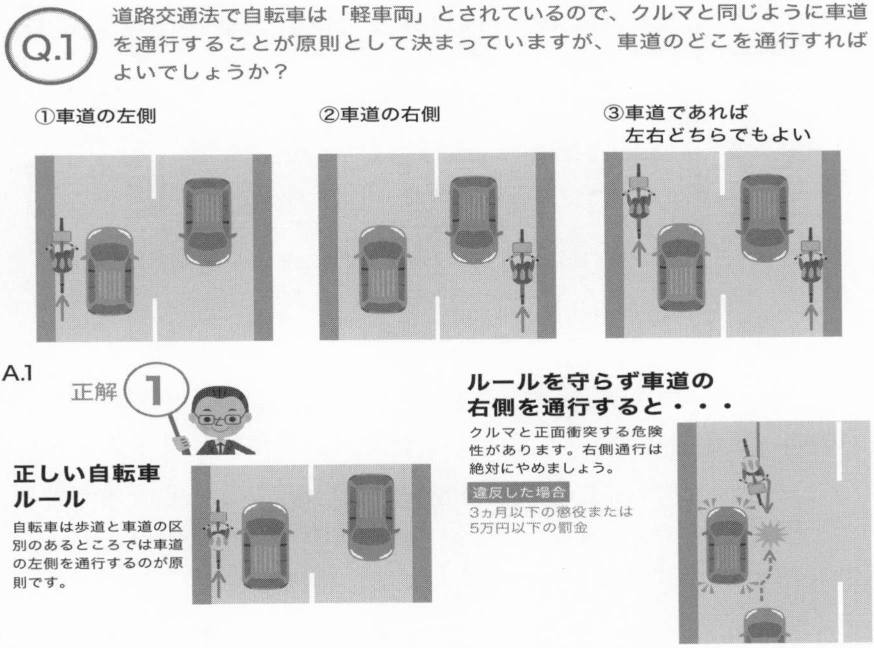

Q.1
道路交通法で自転車は「軽車両」とされているので、クルマと同じように車道を通行することが原則として決まっていますが、車道のどこを通行すればよいでしょうか？
①車道の左側
②車道の右側
③車道であれば左右どちらでもよい
A.1
正解 1
正しい自転車ルール
自転車は歩道と車道の区別のあるところでは車道の左側を通行するのが原則です。
ルールを守らず車道の右側を通行すると・・・
クルマと正面衝突する危険性があります。右側通行は絶対にやめましょう。
違反した場合
3ヵ月以下の懲役または5万円以下の罰金

図 10-6　中学生・高校生向け自転車交通安全講座 ダイジェスト版（https://www8.cao.go.jp/koutu/kyouiku/pdf/l_bicycle.pdf，p.11～12 より引用。）（内閣府 2018）

（3） 防 災 教 育

総合的な学習の時間での安全教育は，講話・講演，実技，ビデオ・紙芝居・人形劇等，進路の視察や地域調査，グループ討議・グループワークなど多様な形態が考えられる。それらのなかで，どの形態でも活用できる比較的汎用性が高いグループワークのカード教材についてみてみよう。

図 10-7 は，国土交通省が作成した「防災カードゲーム『このつぎなにがおきるかな？』」（国土交通省 2018）である。楽しみながら防災について学べることが特徴で，「すいがい」編と「つなみ」編がある。活用の仕方も複数あり，防災７ならべ，防災かるた，防災ババ抜きが例示されている*)。このようなシミュレーション型のカードゲームは，効率よく防災について学ぶことができる。

図 10-7 「防災カードゲーム『このつぎなにがおきるかな？』」(国土交通省ホームページ(http://www.mlit.go.jp/saigai/saigai01_tk_000005.html)より引用)

10-5 総合的な学習の時間での安全教育の指導案とワークシート

これまでの説明をふまえて，総合的な学習の時間での安全教育の指導案とワークシートを考えてみよう。(なお，授業の進め方は OECD の Anticipation-Action-Reflection Cycle(AAR Cycle)を活用する。)

---

*) たとえば防災７ならべでは，参加者にカードを均等に配り，残りのカードを山札ガードとする。参加者は順番に A ～ D に分けられた札の同種の札を出していく。手持ちカードに該当するものがなければ山札からカードを引く。最初に手持ちカードがなくなった参加者が勝ちというゲームである。

〈小学校　総合的な学習の時間　指導案〉

目標　地域安全マップをつくることができる。

内容

段階	生徒の活動	教師の指導	教材と評価
予測 Anticipation	通学路の周辺で事件や事故に遭いやすい場所について関心をもつ。	通学路の周辺での事件や事故の予防についてアイディアを考えることを伝える。	評価 ・生徒の態度によって関心の高さを観察評価する。
実践 Action	ワークシートに基づいて個人で予防策を考える。 ペアで意見交換をする。 意見交換の成果をふまえて各自が予防策を発表する。	個別活動，ペア活動，発表の順で授業を展開する。 児童の状況を見ながら，次のヒントをだす。 「ヒヤリ」「ハット」したところ，夜街灯がなく暗くなるところ，管理が行き届いていないところなどの気をつけるところ。交番，子供110番の家などの助けを求めることができるところ。	教材 ・TPS *）ワークシート 教材・全国児童生徒地図優秀作品を紹介する。 評価 ・ワークシートへの記載内容を把握する。
振り返り Reflection	本日の学習成果を1分間でまとめる。	生徒の発表をまとめて，不正確な部分は修正する。	教材 ・OMP **） 評価 ・OMPへの記載内容から理解度を把握する。

ワークシート1 Think-Pair-Share

各自ができる地域安全について有効な方法を考えましょう。	
自身で考えた地域安全の方法をペアで紹介しあいましょう。	
ペア学習の成果を生かして発表することをまとめましょう。	

*）Think-Pair-Share
**）One-Minute Paper

ワークシート 2 One-Minute Paper

今日学んだ内容でもっとも重要なことはなんでしたか。
今日の授業でさらに考えを深めたいと思ったことはどのようなことですか。

ま と め

総合的な学習の時間での安全教育では，主として生活安全，交通安全，災害安全についての探究活動が取り扱われている。それぞれについて参考にできる資料，カード型教材，クイズ形式の教材，地域安全マップなどを活用すると，「地域や学校特色に応じた課題」に対応しやすい。その際，SDGs，OECD のコンピテンシーやエージェンシー，国際バカロレアの IB の学習者像などを意識して行うと，世界の教育の流れのなかで位置づく活動となる。

参 考 文 献

国土交通省(2018)，防災カードゲーム「このつぎなにがおきるかな？」
http://www.mlit.go.jp/saigai/saigai01_tk_000005.html（2019 年 12 月 18 日確認）
国土交通省国土地理院(2017)，第 20 回全国児童生徒地図優秀作品展(舞鶴市・多摩市の例)
https://www.gsi.go.jp/MUSEUM/SAKUHIN/20sakuhintentop2017.html
（2020 年 2 月 20 日確認）
文部科学省(2019)，学校安全資料「生きる力」をはぐくむ学校での安全教育
https://anzenkyouiku.mext.go.jp/mextshiryou/data/seikatsu03_h31.pdf
（2019 年 10 月 17 日確認）
文部科学省(2017a)，小学校学習指導要領(平成 29 年告示)
http://www.mext.go.jp/component/a_menu/education/micro_detail/__icsFiles/afieldfile/2019/09/26/1413522_001.pdf（2019 年 10 月 17 日確認）
文部科学省(2017b)，中学校学習指導要領(平成 29 年告示)
http://www.mext.go.jp/component/a_menu/education/micro_detail/__icsFiles/

afieldfile/2019/09/26/1413522_002.pdf（2019年10月17日確認）
文部科学省(2017c)，中学校学習指導要領(平成29年告示)解説 総合的な学習の時間編
http://www.mext.go.jp/component/a_menu/education/micro_detail/__icsFiles/afieldfile/2019/03/18/1387018_012.pdf（2019年10月17日確認）
文部科学省(2014)，効果的な交通安全教育に関する調査研究調査報告書
https://anzenkyouiku.mext.go.jp/mextshiryou/data/koutsu02.pdf
(2019年12月27日確認)
内閣府(2018)，中学生・高校生向け自転車交通安全講座 ダイジェスト版
https://www8.cao.go.jp/koutu/kyouiku/pdf/l_bicycle.pdf
(2019年12月27日確認)
内閣府(2015)，学習教材「防災まちづくり・くにづくり」
https://www.cas.go.jp/jp/seisaku/kokudo_kyoujinka/textbook.html
(2019年12月27日確認)
内閣官房国土強靱化推進室(2015)，学習教材「防災まちづくり・くにづくり」教師用参考資料
https://www.cas.go.jp/jp/seisaku/kokudo_kyoujinka/pdf/kyousi_sankou.pdf
(2019年12月27日確認)
全国児童生徒地図作品展連絡協議会・事務局：国土交通省国土地理院(2017)，第20回全国児童生徒地図優秀作品展
https://www.gsi.go.jp/MUSEUM/SAKUHIN/20sakuhintentop2017.html
(2019年12月27日確認)
東京都教育員会(2019)，安全教育プログラム第11集(平成31年3月)
http://www.kyoiku.metro.tokyo.jp/school/content/program_11th.html
(2019年12月27日確認)
東京都青少年・治安対策本部総合対策部安全・安心まちづくり課(2016)，地域安全マップづくり指導マニュアル
http://www.tomin-anzen.metro.tokyo.jp/about/pdf/poster-leafret/chiikianzenmapdukuri.pdf（2019年12月27日確認）

11章

特別活動および部活動における安全教育

『学校安全資料 「生きる力」をはぐくむ学校での安全教育』には，安全教育の目標について，次のように記されている。「安全教育の目標は，日常生活全般における安全確保のために必要な事項を実践的に理解し，自他の生命尊重を基盤として，生涯を通じて安全な生活を送る基礎を培うとともに，進んで安全で安心な社会づくりに参加し貢献できるよう，安全に関する資質・能力を育成することである。」(文部科学省 2019b，p.27，＿部筆者) この目標を達成するために重要な役割を果たすのが**特別活動**である。いい換えれば，特別活動は，学校における安全教育の基盤としての役割を果たす。

本章では，なぜ特別活動が安全教育の基盤の役割を果たすのかということについて，「**自他の生命尊重**」をキーワードとして考察する。また，特別活動と密接な関連をもち，現在の学校における子どもたちの安全を考えるうえで重要な課題となっている**部活動**における安全教育についても言及する。

11－1　特別活動における安全教育

11－1－1　特別活動とは何か

特別活動は，「集団や社会の形成者としての見方・考え方を働かせ，様々な集団活動に自主的，実践的に取り組み，互いのよさや可能性を発揮しながら集団や自己の生活上の課題を解決すること」を通して，以下の資質・能力を育成することをめざす教育活動である。

(1) 多様な他者と協働する様々な集団活動の意義や活動を行う上で必要となることについて理解し，行動の仕方を身に付けるようにする。

(2) 集団や自己の生活，人間関係の課題を見いだし，解決するために話し合い，合意形成を図ったり，意思決定したりすることができるようにする。
(3) 自主的，実践的な集団活動を通して身に付けたことを生かして，集団や社会における生活及び人間関係をよりよく形成するとともに，人間としての生き方についての考えを深め，自己実現を図ろうとする態度を養う。
（文部科学省 2018b，p.162）

いい換えれば，特別活動は，「子どもたちが自らの意志で，学級および学校生活の充実と向上のために多様な集団をつくり，共通の課題を見つけ，その課題の解決に向けて集団として取り組む生活実践活動」である。それは，遊び，仕事，学習を主たる内容とする子どもたちの日常的な学校生活を，学級や学校の文化として主体的に組織化する過程において，学校を楽しく，生きる喜びに満ちた，魅力ある生活の根拠地とするという意味を有している。「特別活動は，学校という子どもと教師の協働の場を舞台として日々多様な形で展開されている生活活動の流れ（時間と空間）を，自治の確立と文化の創造という二つの相補的な原理に基づいて，目的化し，組織化する営み（**自治と文化の創造を中核とする生活づくりの活動**）である。それゆえ，特別活動は，教科等の学習が成立するための『学級（ホームルーム）や学校生活の基盤』の形成に重要な役割を果たすのである。」（安井 2012，pp.78－79, 80）

11－1－2　特別活動と安全教育

特別活動における安全教育について，平成29・30年版学習指導要領では，**学級活動・ホームルーム活動**と**学校行事**の内容として，以下のように記述されている（__部筆者）。

小学校（文部科学省 2018a，p.184, 187）

学級活動　内容(2) **日常の生活や学習への適応と自己の成長及び健康安全**

ウ　**心身ともに健康で安全な生活態度の形成**
　現在及び生涯にわたって心身の健康を保持増進することや，事件や事故，災害等から身を守り安全に行動すること。

学校行事　内容(3) **健康安全・体育的行事**
　心身の健全な発達や健康の保持増進，事件や事故，災害等から身を守る安全な行動や規律ある集団行動の体得，運動に親しむ態度の育成，責任感や連帯感の涵養，体力の向上などに資するようにすること。

中学校（文部科学省 2018b，p.163, 165）
学級活動　内容(2) **日常の生活や学習への適応と自己の成長及び健康安全**
エ　**心身ともに健康で安全な生活態度や習慣の形成**
節度ある生活を送るなど現在及び生涯にわたって心身の健康を保持増進することや，事件や事故，災害等から身を守り安全に行動すること。
学校行事　内容(3) **健康安全・体育的行事**
［小学校の記述と同様］

高等学校（文部科学省 2019a，p.479, 480）
ホームルーム活動　内容(2) **日常の生活や学習への適応と自己の成長及び健康安全**
オ　**生命の尊重と心身ともに健康で安全な生活態度や規律ある習慣の確立**
節度ある健全な生活を送るなど現在及び生涯にわたって心身の健康を保持増進することや，事件や事故，災害等から身を守り安全に行動すること。
学校行事　内容(3) **健康安全・体育的行事**
［小学校，中学校の記述と同様］

『中学校学習指導要領解説 特別活動編』では，上記の内容に関して，以下のような説明が加えられている（文部科学省 2019b，pp.55-56, 98-100）*）。

学級活動(2)エ「**心身ともに健康で安全な生活態度や習慣の形成**」では，「日常の健康や安全に関する問題を把握し，必要な情報を適切に収集し，課題解決や健康及び安全の保持増進に向けた意思決定とそれに基づく実践などの活動」が中心となる。

同じく学級活動(2)エにおいて育成をめざす健康や安全にかかわる資質・能力としては，「例えば，現在及び生涯にわたって心身の健康を保持増進するために，節度ある生活を送り，自己管理を行うことの意義やそのために必要となることを理解し，日常及び災害時の安全確保に向けた正しい情報の収

*）本章では中学校の内容を主に扱っているが，文部科学省（2019b）では，小学校，高等学校の内容，および具体的な指導内容例等が詳述されているので，あわせて参照されたい。

集と理解ができるようになること」,「学校内外における自己の生活を見直し，自らの生活環境や健康維持に必要な生活習慣等を考えるとともに，安全に配慮した的確な行動がとれるようになること」,「また，そうした過程を通して，主体的に生活環境の改善や健康の維持増進に努めるとともに，状況に応じて自他の安全を確保する態度を育てること」などがあげられている。

このような資質・能力を育成するためには，各教科等における安全にかかわる学習との関連を十分に図り，「自らの健康状態についての理解と関心を深め，望ましい生活態度や習慣の形成を図っていくこと」,「日頃の備えを含め自然災害等に対しての心構えや適切な行動がとれる力を育てること」,「自他の健康保持に主体的に取り組む態度や，自己の安全を確保するのみならず，身の回りの人の安全を確保する態度を育むこと」が重要である。

同じく学級活動(2)エの具体的な活動としては，「防犯を含めた生活安全や自転車運転時の交通安全に関すること，種々の災害時の安全に関すること，生命の尊重に関すること，環境整備に関すること，インターネットの利用に伴う危険性や弊害などに関する題材を設定し，事故の発生状況や危険箇所の調査結果をもとにした話合い,『ひやり，はっとした』といった体験に基づく感想や発表，安全マップの作成，実技を通した学習，ロールプレイングなど様々な方法による活動」などがあげられている。また，「防災に関しては地域の地理，自然の特性など地域に関して教科等横断的に学ぶ中でその意識を高めていくこと，安全に関しては，日常生活に潜む様々な危険を予測したり，問題解決の方法を話し合ったりすることで，安全に保つために，必要な事柄への理解を深める活動」などがあげられている。（文部科学省 2019b, pp.55-56）

学校行事(3)「**健康安全・体育的行事**」では，健康診断，薬物乱用防止指導，防犯指導，交通安全指導，避難訓練や防災訓練，健康・安全や学校給食に関する意識や実践意欲を高める行事，**運動会**(**体育祭**)，競技会，球技会などの活動を通して，以下の資質・能力を育成することが求められている。

○心身の健全な発達や健康の保持増進，事件や事故，災害等の非常時から身を守ることの意義を理解し，必要な行動の仕方などを身に付ける。また，体育的な集団活動の意義を理解し，規律ある集団行動の仕方などを身に付けるようにする。

○自己の生活を振り返り，健康，安全，防災，運動や体力の向上に関する課題と解決策について考え，他者と協力して，適切に判断し行動することができるようにする。また，運動することのよさについて考え，集団で協力して取り組むことができるようにする。

○生涯にわたって，心身ともに健康で安全な生活を実践したりしようとする態度を養う。また，運動に親しみ，体力の向上に積極的に取り組もうとする態度を養う。

さらに，これらの行事を実施するうえでの留意点として，以下のことが求められている。

ア　健康安全に関する行事において，例えば，健康診断を実施する場合には，健康診断や健康な生活のもつ意義，人間の生命の尊さ，異性の尊重，健康と環境との関連などについて，学級活動，生徒会活動及び各教科，道徳などの内容との密接な関連を図り，健康・安全に関する指導の一環としてその充実を期すること。

　その際，参加の心構えなどについて理解させ，関心をもたせるようにするとともに，事後においては，例えば，体に疾病などが発見された生徒の措置，事故や災害から自他の安全を守ることの意義などの指導について十分配慮すること。

イ　健康安全に関する行事については，自転車運転時などの交通規則を理解させ，事故防止に対する知識や態度を体得させるとともに，自然災害や犯罪などの非常事態に際し，沈着，冷静，迅速，的確に判断して対処する能力を養い，自他の安全を確保することのできる能力を身に付けること。また，喫煙，飲酒，薬物乱用などの行為の有害性や違法性，防犯や情報への適切な対処や行動について理解させ，正しく判断し行動できる態度を身に付けること。

ウ　体育に関する行事においては，生徒の活動の意欲を高めるように工夫するとともに，全体として調和のとれたものとし，特に生徒の負担の度合いなどに慎重に配慮することが大切である。また，学校全体として，健康や安全についての指導の徹底を期すること，特に事故の発生の際に備えて，その防止，万一の場合の準備や緊急時の対策などについても，あらかじめ十分に配慮しておく必要がある。

特別活動における安全教育においては，「各教科等の特質に応じて育まれた資質・能力を，実践的な集団活動を通して，統合的で汎用的な力に変え，実生活や実社会で活用できるようにすること」(文部科学省 2019b，p.39)が求められる。その際，特に留意する必要があるのは，「**自他の生命尊重**」という視点から，特別活動を学校生活の基盤であるとともに，安全教育の基盤としても意味づけることである。

11-2　なぜ特別活動が安全教育の基盤となるのか

11-2-1　「やめられない巨大組体操」から考えること

特別活動における安全教育について，一例として「やめられない巨大組体操」の問題を取り上げて考えてみよう。**運動会**や**体育祭**で行われてきた巨大**組体操**の障害事故等を生ずる危険性を指摘し，全国的な問題として論議されるきっかけとなったのが，2014年5月に「Yahoo! ニュース」に掲載された内田良の「【緊急提言】組体操は，やめたほうがよい。子どものためにも，そして先生のためにも。▽組体操リスク(1)」(内田 2014)であった*)。これ以後，**独立行政法人日本スポーツ振興センター**(2014)，山口(2018)他，組体操の危険性を指摘する調査研究や論考が多数発表された。**スポーツ庁**は，組体操における負傷事故の多発を受けて，2016年3月25日に「**組体操等による事故の防止について**」という通知を出し，各教育委員会等に組体操指導のあり方に対して見直しを求めた(スポーツ庁 2016)。これにより，巨大組体操の実施校数およびそれにともなう事故件数は大きく減少した。しかし，それ以後も一部の地域では，依然として巨大組体操が存続し，骨折等の重傷事故も生じている(内田 2019，pp.75-78：西山 2019)。

なぜ，巨大組体操はやめられないのか。内田は，次のように指摘している。「学校文化の基底に，巨大組み体操が『教育』として十分に意義があるという考えが根付いて」いて，「これらの痛みさえもが『子どものため』と定義されうる。すなわち，『その心身への負荷から学ぶべきことがたくさんある』という主張が堂々とまかり通る。」(内田 2019，pp.78-79)　現在でも，新聞紙上等では，組体操の中止か継続かをめぐって，論議が繰り広げられている

*)「組体操リスク」は2015年9月まで全13回掲載された。

(朝日新聞 2019.9.27，神戸新聞 2019.12.20 他)。

「巨大なものをみんなで作り上げることに価値がある，それには危険を伴うこともあるが，力を合わせて困難を乗り越え，成功させることに教育的な意味がある。」なぜこうなるのか。逆に，「組体操は危険だからやめた方が良い」「安全な組体操はどうすればできるか」は，一理あるが，それだけでは問題の根本的な解決にはならない。そもそも，組体操は，教育課程を規定している学習指導要領には記載されていない種目であるにもかかわらず。なぜそれがここまで肥大化するのだろうか。組体操を特別活動(**運動会・体育祭**)として行う教育的価値とは何だろうか。前述したように，特別活動とは「**自治と文化の創造を中核とする生活づくりの活動**」である。それに対し，「実際の組体操の指導は，教師主導であることが多い。教師が決めた技を児童生徒に提示し，それを練習させ習得させる一斉指導の形態で練習は進む。運動会当日であっても，教師の笛や太鼓の指示によって一糸乱れぬ統率された動きを要求する。」(鈴木 2017)と指摘される組体操の是非は，子どもたち自身が安心で安全な学校生活を創るという特別活動の視点から問い直されなければならない。

11-2-2　安全教育の基盤としての特別活動

上記のように，**運動会**や**体育祭**で行われている巨大**組体操**は，「事件や事故，災害等の非常時から身を守ることの意義を理解し，必要な行動の仕方などを身に付ける」，「特に生徒の負担の度合いなどに慎重に配慮すること」，「学校全体として，健康や安全についての指導の徹底を期すること，特に事故の発生の際に備えて，その防止，万一の場合の準備や緊急時の対策などについても，あらかじめ十分に配慮しておく」，「自己の安全を確保するのみならず，身の回りの人の安全を確保する態度を育む」等，『学習指導要領解説 特別活動編』に記されている事柄に反するものとなっている。特別活動として行われているにもかかわらず，特別活動の論理に反しているのである。

それでは，**特別活動の論理**とは何であろうか。前述のように，特別活動とは，「子どもたちが自らの意志で，学級および学校生活の充実と向上のために多様な集団をつくり，共通の課題を見つけ，その課題の解決に向けて集団として取り組む生活実践活動」である。別のいい方をすれば，子どもたちが自らの手で，学級や学校を，自分らしく，伸び伸びと，安心して生きることのできる生活の場として創り上げていく活動＝**自治と文化の創造を中核とする生活づくりの活動**である。

特別活動は，また，「**いのちの教育**」が行われる主要な場でもある。「**いのち**」は命や生命より広い概念であり，「身体的な存在としてだけでなく，精神的あるいは社会的な側面をも含む，それらを統合する存在としての人間の営み」であり，「人生において出会うあらゆる事柄が『いのち』に含まれる」と定義される（近藤 2007，p.10）。身体的，精神的，社会的関係性をもつ営みとしての「**いのち**」は，「一人ひとりの人間が今，ここに生きている過程で表現している人と人，人とものとのさまざまな関わり合い」（安井 2018，p.272）として表される。特別活動は，人としての在り方や生き方の基底となる集団性・社会性，実践性・体験性，自主性・自治性，総合性・個性，遊戯性・非日常性，創造性・文化性という特質をあわせもつ教育活動として，学級や学校におけるこの関わり合いの内実を創り出していく。ここに，特別活動が果たす「いのちの教育」としての役割の意味がある。

「**いのちの教育**」とは，「いのちのかけがえのなさ，大切さ，素晴らしさを実感し，それを共有することを通して，自分自身の存在を肯定できるようにすることを目指す教育的営み」（近藤 2003，p.14）である。その目的は，「自分のいのちはかけがえなく大切なもので，自分は無条件に生きていていいのだ，と子ども自身が確認できるようにすること」（近藤 2007，p.8）である。ここで重要なことは，「いのち」のもつ身体的，精神的，社会的関係性を共有することによって，他者のいのちの意味や価値を想像する＝「他者のいのちもかけがえがなく大切なものであると自覚化する」ことである。学習指導要領でいう「**自他の生命尊重**」とは，このような文脈でとらえられる必要がある。

「**いのちの教育**」は，狭義には「死や命と直接結びついた領域について，その知識や考え方や態度などをともに考える教育」であり，広義には「子どもたちのまわりの社会的，文化的，自然的なあらゆる環境との，出会い，かかわり，そして別れの体験を扱う教育」（近藤 2003，pp.15-16）である。広義の「いのちの教育」では，人の誕生から死に至るまでの人生のプロセスにおける出会い，かかわり，別れについてのあらゆる営みが内容となり，それは「他者とのかかわりの中で自己の生きる意味を認め合い，お互いがよりよく生きるための価値を追求し，実現する不断の創造的過程」（安井 2018，

p.262)として実現される。

特別活動では，**生活づくり**の実践を通して「一人ひとりの人間が今，ここに生きている過程で表現している人と人，人とものとのさまざまな関わり合い」が共有され，「**いのちのつながり**」としての**人間関係**が生まれる。「生活づくりの過程において，様々な人間関係を体験し，他者とその内容を共有化することをとおして，他者に支えられている，他者を支えている，他者に必要とされている，他者の役に立っているなど，自らの『いのち』を成り立たせている不可欠の要因としての人間関係の意味を実感することにより，『いのち』と『いのち』をつなぐ**共感的人間関係**を育むことができる。」(安井 2012，p.79)　そして，「生活づくりの過程には『いのちのかけがえのなさ，大切さ，素晴らしさを実感し，それを共有することを通して，自分自身の存在を肯定できるようになることを目指す教育的営み』としての『いのちの教育』を成り立たせている『実感』『共有』『自己の肯定』の概念が内在している。」(安井 2018，p.273)　それゆえ，「**自治と文化の創造を中核とする生活づくりの活動**」としての特別活動は，広義の「**いのちの教育**」を実践する場としての役割を果たすのであり，**自分自身の存在の肯定**という点でもっとも基本的な意味での安全教育となる。なぜなら，自分自身の存在の肯定なくして，安心で安全な生活は成り立たないからである。

「子どもたちが自らの手で，学級や学校を，自分らしく，伸び伸びと，安心して生きることのできる生活の場として創り上げていく活動」である特別活動は，「**自分自身の存在の肯定**」「**いのちの共有**」「**自他の生命尊重**」を共通のキーワードとして，「生涯を通じて安全な生活を送る基礎を培うとともに，進んで安全で安心な社会づくりに参加し貢献できるよう，安全に関する資質・能力を育成する」ことを目標とする**安全教育**のもっとも基本的な役割を担うことになる。特別活動における生活づくりをとおして，子どもたちは，自分以外の他の誰かによって定められた「安全な生活」という枠組を与えられるのではなく，「自分らしく，伸び伸びと，安心して生きる」ということはどういうことなのか，そのために今自分たちには何が必要なのか，それはどうすれば実現することができるのか，それを阻んでいるものは何か，それを解決するためには何をすればよいのかということを考え，合意形成し，決定し，実践し，振り返る。このプロセスに基づいて，自分自身の存在を肯定できるようになること，それが特別活動における安全教育の意味である，それゆえ，特別活動は，学校における安全教育の基盤となるのである。

以上のことをふまえて，改めて，巨大組体操の問題を考えてみよう。**組体操**における安全について，特別活動の問題として考える場合，前述のように「組体操は危険だからやめた方が良い」「安全な組体操はどうすればできるか」といった技術論，指導方法論的な意味での検討だけでは不十分である。そこには，「**自治と文化の創造を中核とする生活づくりの活動**」という特別活動に固有な視点からの検討が不可欠である。その点で，以下の2つの論点に注目する必要がある。

まず，組体操が子どもたち自身の生活の内容となっているのか，という点である。鈴木(2017)には，「挑戦課題の選択と難易度を児童生徒とともに考え」(佐藤 2016)，「組体操の技を児童生徒と合意し決定し」(牧野 2016)，「生徒による組体操の実行委員会を立ち上げ，（中略） **自治的活動**として実施した取り組み」(下野 2016)等の記述がある。これらは，学校が決めた安全基準のもとであてがわれた課題として組体操に挑むのではなく，子どもたち自身が教師と協働しながら安全について考え，組体操を自分たちの学校生活の意味ある内容として創り上げていくことができるということを意味している。

次に，やらない権利，参加しない権利を認めるべきではないか，という点である。松本・高倉(2019)には，次のような記述がある。「組体操は，自由意志で行われる部活動とは異なり，学校行事の一環として行われるため，体力的な問題や参加したくない理由があったとしても，参加せざるを得ない状況がある。組体操参加に対する児童生徒や保護者の意見に耳を傾け，『組体操に参加したくない』と言えるような環境づくりも必要ではないだろうか。」(p.187)　この指摘は重要である。巨大化した組体操が，特別活動として取り組まれているにもかかわらず，それを行う子どもたちの視点を欠き，学校，保護者，地域にとっての意味(見栄え，感動，伝統等)を優先させることにより，肝心の子どもたち自身の「いのち」を脅かすことになっている状況を変えるためには，何よりも子どもたち自身の意思(やるかやらないかを自分たち自身で決める権利)を保障することが必要である。

繰り返しになるが，組体操を特別活動として行うとはどういうことなのかを考えなければならない。それは，組体操を行うということが，子どもたちの生活づくりにとって，そこで展開される「いのちの営み」にとって，どのような意味をもつのか，子どもたちはそこから何を学び，自分自身の存在を肯定することができるのか，まず，そのことが問われなければならない。**運動会**や**体育祭**は，**学校行事**であり，「**学校が計画し実施する教育活動**」であるから，それに関する「安全」は学校が判断し，決定するということでよいのか。最終的な責任は学校がもつのは当然としても，そこに至るプロセスの主体は子どもたち自身であり，学校はそれを実現するサポート役として責任をもつ必要がある。技術論，指導方法論としての安全はその次元の問題である。特別活動における安全教育とは，子どもたちの「**いのち**」とどう向き合うかということから，その在り方が問われなければならない。

11-2-3　部活動における安全教育

最後に，中学校，高等学校の**部活動**における安全教育について，考えてみたい。組体操と同様に，近年，部活動はその過熱化にともない，過剰な練習，事故，いじめ，暴力，ハラスメント等子どもたちおよび教師の安心で安全な学校生活を脅かす「**ブラック部活**」として，その問題点が指摘されている（内田 2017，島沢 2017，中澤 2017 他）。部活動は，制度上は教育課程に位置づけられた特別活動ではなく，教育課程外の活動（**課外活動**）である。中学校学習指導要領 総則には，次のように記されている。

> 「教育課程外の学校教育活動と教育課程の関連が図られるように留意するものとする。特に，生徒の自主的，自発的な参加により行われる部活動については，スポーツや文化，科学等に親しませ，学習意欲の向上や責任感，連帯感の涵養等，学校教育が目指す資質・能力の育成に資するものであり，学校教育の一環として，教育課程との関連が図られるよう留意すること。」（文部科学省 2018b，p.27）

内田は，部活動のこのような位置づけを「グレーゾーン」とよんでいる（内田 2017）。

部活動は，学校で行われる教育活動でありながら教育課程外の活動として位置づけられるために，**教育課程の基準**である**学習指導要領**によってその目標，内容，指導方法等について規定されることもなく，行政当局による法的な規制がかからないまま，「自主的な活動」として，学校の自由裁量という名で矛盾をかかえながら拡大されてきた。それによって，生徒にとっても教師にとっても，平日・休日を問わない長時間の活動，自主的な活動という名のもとでの強制的な参加，ゆき過ぎた指導による事故・体罰等の問題を生じてきた。

内田は，組体操の巨大化と部活動の過熱化の共通点を「自主性」の点から論じている（内田 2017，pp.42－45）。自主的だから安全を脅かすほど加熱するなら，その「自主性」の本来の意味を「**自治と文化の創造を中核とする生活づくりの活動**」という特別活動の論理によって問い直す必要がある。現在の部活動は，自治的活動といえるだろうか。子どもたちも教師も「自主的活動」の名のもとで，半ば強制されている状況を，「学年や学級の所属を離れ，共通の興味・関心を追求する活動を行う」ために何が必要か，どうすればよいのかを，自ら考え，判断し，決定し，行動する主体として意味づけていく必要がある。本来の意味での自治的活動として，一定のルールのもとで，活動の目標，内容，方法，運営に関する選択と決定における自由と責任が保障されること，それが安心，安全な部活動へと改革するための第一歩である。学年や学級の所属を離れ，共通の興味・関心を追求することを通して，活動を楽しみ，お互いの存在を認め合える居場所を創り，学校生活の内容を豊かにするにはどうしたらよいか，そこから部活動における安心，安全を問い直すことが求められる。

〈中学校　学級活動指導案〉

＊「今年の体育祭では，残念なことにある種目でこのクラスから怪我人がでてしまった。来年の体育祭は，一人の怪我人もださないようにしたい。どうすればみんなが安心して楽しめる安全な体育祭にすることができるのか，その改善策を考える。」という内容で，2時間の学級活動を行う。本時はその1時間目で，事故が起こった原因とその改善策を考える。事前に配ったワークシートに各自が記入した自分の考えを発表し合い，その後，グループに分かれて改善策について話し合うという設定。文部科学省(2019b)の「学校安全計画例(中学校)」(p.130)に，5月の学級活動に「体育祭の取組と安全」とあるのをアレンジし，その年の体育祭の振り返りと次年度に向けての課題を考えることとする。

○本時のテーマ：事故の起こらない安全な体育祭を実現しよう。
○本時のねらい：みんなが安心して楽しめる安全な体育祭にするために，その改善策を考え，提案することができる。
○本時の展開

	学習活動	指導上の留意点	評価の観点
導入10分	・今年の体育祭の良かった点と問題点について考える。	・なぜ，そう考えるのかを発表するようにする。	
展開前半15分	・ワークシートに基づいて，今年の体育祭ではどうして怪我人がでてしまったのか，その原因について，まとめてきたことを発表する。 ・他の人の意見を聞いて考えたことをワークシートに書き加える。	・複数の視点から考えることができるようにする。	・怪我人がでた原因について，複数の視点から考えることができる。(思)
展開後半15分	・グループに分かれて，安全な体育祭を実現するために，改善しなければならない課題について話し合う。 ・他の人の意見を聞いて考えたことをワークシートに書き加える。	・体育祭における安全とはなにかを考え，そのために重要性の高いことから順序立てて解決のための課題について考えられるようにする。	・安全な体育祭を実現するための課題について，重要性の高いことから順序立てて考えることができる。(思)
まとめ10分	・話し合ったことに基づいて，具体的な改善策をワークシートにまとめる。	・次回，具体的な改善策について話し合うので，自分たちで実現可能なことと，それは難しいので先生と一緒に考えていく必要のあることに分けて，考えられるようにする。	

中学校　学級活動ワークシート案

事故の起こらない安全な体育祭を実現しよう。

今年の体育祭では，残念なことに怪我人がでてしまいました。事故の起こらない安全な体育祭にするにはどうしたらよいか，考えてみよう。

・今年の体育祭ではどうして怪我人がでてしまったのか，その原因を考えてみよう。

種目について	準備・練習について	当日の進行について	その他

他の人の意見を聞いて考えたことを書こう。

・どうすれば来年安全な体育祭にすることができるのか，考えてみよう。

種目について	準備・練習について	当日の進行について	その他

他の人の意見を聞いて考えたことを書こう。

具体的な改善策について，自分たちでできることと，先生と一緒に考えていかなければならないことを，それぞれ１つ提案しよう。

・自分たちでできること

・先生と一緒に考えなければならないこと

参考文献

朝日新聞 DIGITAL(2019.9.24),「組み体操，市長と市教委が大バトル　なぜ実施を望むのか」 https://www.asahi.com/articles/ASM9L7K7VM9LPIHB02Y.html

内田　良(2014),「【緊急提言】組体操は，やめたほうがよい。子どものためにも，そして先生のためにも。▽組体操リスク(1)」
https://news.yahoo.co.jp/byline/ryouchida/20140519-00035451/

内田　良(2017), ブラック部活動　子どもと先生の苦しみに向き合う　東洋館出版社

内田　良(2019), 学校ハラスメント　暴力・セクハラ・部活動　なぜ教育は「行き過ぎる」か　朝日新書

神戸新聞 NEXT(2029.12.20),「神戸の小中学校運動会『組み体操』禁止　20 年度以降」 https://www.kobe-np.co.jp/news/sougou/201912/0012976052.shtml

近藤　卓(編)(2003), いのちの教育　はじめる・深める授業のてびき　実業之日本社

近藤　卓(編著)(2007), いのちの教育の理論と実践　金子書房

佐藤　豊(2016),「文部科学省の指針を読み解く」『楽しい体育の授業』29(9)　明治図書

島沢優子(2017), 部活があぶない　講談社現代新書

下野六太(2016),「10 段ピラミッドでなくても，生徒は達成感を，保護者は感動を味わえる。」『体育科教育』64(5)　大修館書店

鈴木秀人(2017),「学校教育に見られる『伝統』の継承に関する研究—運動会・体育祭に見られる『組体操』を焦点に—」東京学芸大学平成 28 年度 広域科学教科教育学研究研究成果報告書
http://www.u-gakugei.ac.jp/~graduate/rengou/kyouin/news/data_kouiki_h28/12.pdf

スポーツ庁(2016),「組体操等による事故の防止について」
http://www.pref.nara.jp/item/156471.htm

独立行政法人日本スポーツ振興センター(2014),「組体操等による事故の状況」
http://www.pref.nara.jp/item/156471.htm

中澤篤史(2017), そろそろ，部活のこれからを話しませんか　未来のための部活講義　大月書店

西山　豊(2019), 都道府県別組体操事故統計(2019 年版)
http://yutaka-nishiyama.sakura.ne.jp/math/accidents2019.pdf

牧野　満(2016),「子どもとの合意の上に進めるべき」『体育科教育』64(5)　大修館書店

松本禎明・高倉咲季(2019),「学校の体育的行事における組体操実施の現状と課題」『九州女子大学紀要』第 55 巻 2 号

文部科学省(2018a), 小学校学習指導要領(平成 29 年告示)　東洋館出版

文部科学省(2018b), 中学校学習指導要領(平成 29 年告示)　東山書房

文部科学省(2019a), 高等学校学習指導要領(平成 30 年告示)　東山書房

文部科学省(2019b), 学校安全資料「生きる力」をはぐくむ学校での安全教育　東

京書籍
文部科学省(2019c)，中学校学習指導要領(平成29年告示)解説 特別活動編　東山書房
安井一郎(2012)，「児童会活動・生徒会活動―『よりよい学校生活づくり』の観点から―」林 尚示(編著)『教職シリーズ5 特別活動』 培風館
安井一郎(2018)，「新学習指導要領における道徳教育の教育方法学的検討―『いのちの教育』を踏まえた特別活動との連携のあり方を考える―」『マテシス・ウニウェルサリス』第19巻第2号，獨協大学国際教養学部
山口孝治(2018)，「小・中学校における健康安全・体育的行事の課題と展望―新学習指導要領における特別活動のねらいから考える―」『佛教大学教育学部学会紀要』第17号

12章

生徒指導における安全教育

本章では，生徒指導における安全教育について説明する。これまで，生徒指導は『生徒指導提要』などをよりどころとして教諭等の充当職である生徒指導主事などを中心として実施されてきた。一方，安全教育は学校全体で取り扱われてきた。これらの関係を整理し，生徒指導における安全教育の効果的な実施に資する考え方を示したい。

12-1　生徒指導とは

生徒指導とは，「社会性の育成」と「社会に受け入れられる自己実現」を願って児童生徒の自発的かつ主体的な成長・発達の過程を支援していく働きかけ(文部科学省国立教育政策研究所生徒指導・進路指導研究センター 2015)と定義される。ここでの「社会性の育成」とは，「児童生徒自らが，その社会的資質を伸ばすとともに，さらなる社会的能力を獲得していくこと」である。また，「社会に受け入れられる自己実現」とは，「社会性の育成」で獲得した資質・能力を適切に行使して自己実現を図ることなどである。ここで「自己実現」(Self-actualization)とは，ドイツの神経学者および精神科医であるゴールドスティン(Goldstein K., 1878-1965)が生み出した用語で，個人の生き方の価値を最大化し決定する原動力といった意味である。のちにマズロー(Maslow, A.H., 1908-70)の欲求の階層にも影響を与えたことが知られている。

なお，生徒指導はその場での児童生徒の適応を取り扱うだけではなく，将来を見据えて実施される。そのため，進路指導やキャリア教育につながっていくものでもある。進路指導とは，「社会的・職業的自己実現を達成していくことに必要な，生徒の自己指導能力の伸長を目指す，教師の計画的，組織的，継続的な指導・援助の過程」(文部科学省 2011，p.35)と定義され，そして，キャリア教育は，「一人一人の社会的・職業的自立に向け，必要な基盤となる能力や態度を育てることを通して，キャリア発達を促す教育」(文部科学省 2011，p.14)と定義される。そのため，進路指導とキャリア教育とのあいだには概念的に大きな差異はなく，ほぼ同じである。生徒指導は進路指導やキャリア教育と連携したものと考え，セットで考えていけるとよい。

教師の児童生徒への指導は，大別すると学習指導，生徒指導，進路指導としてとらえることができる。このなかで，学習指導以外の生徒指導と進路指導をまとめて生徒指導・進路指導としてとらえることもある*)。

12-2　生徒指導における安全教育

12-2-1　安全教育と生徒指導との関連

生徒指導において安全教育は，基盤的位置づけをもつものだと考えられる。児童生徒が社会的・職業的な自己実現を図るためには，そこに至るまでに遭遇する何らかの危険に際して，あらかじめ事故を起こさない，あるいは事故に遭わないように行われる教育は必須である。この事故を起こさない，あるいは事故に遭わないようにするための教育こそが安全教育なのである。

生徒指導における安全教育を考えるにあたって，『学校安全資料 「生きる力」をはぐくむ学校での安全教育 本編』(文部科学省 2019a)，『同 別表，付録』(文部科学省 2019b)などの資料が役に立つ。上記資料では，学校における安全教育は，「児童生徒等自身に，日常生活全般における安全確保のために必要な事項を実践的に理解し，自他の生命尊重を基盤として，生涯を通じて安全な生活を送る基礎を培うとともに，進んで安全で安心な社会づくりに参加し貢献できるような資質･能力を育成することを目指して行われるもの」(文部科学省 2019a，p.11)とされている。

資質・能力の育成という点において，安全教育と生徒指導は類似する構造

---

*）これは，国立教育政策研究所のセンター名が生徒指導・進路指導研究センターであること，大学の講義名として，たとえば「生徒指導・進路指導の理論と方法」などが使用されることなどを受けたものである。

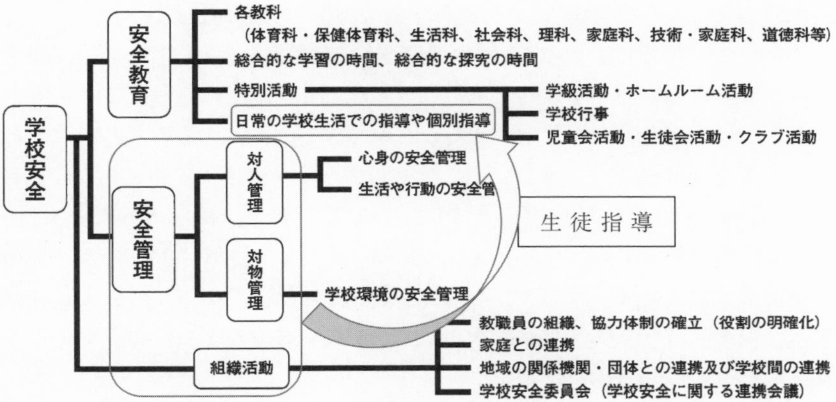

図 12-1　学校安全体系のなかでの安全教育と生徒指導の関係（文部科学省(2019)『学校安全資料「生きる力」をはぐくむ学校での安全教育』p.12 をもとに作成）

をもつ。学校安全の体系のなかでの安全教育と生徒指導の関係は，図 12-1 のように示すことができる。なお図 12-1 では，安全教育，安全管理，組織活動を総称して学校安全とよんでいる。ここで，教育とは，人間に対して望ましい状態にするために心身に意図的にはたらきかけることである。管理とは，良い状態であるようにすることは教育と共通であるが，人間に直接はたらきかけるというより，どちらかといえば組織的に取り仕切ることを意味している。生徒指導での安全教育は，学校安全と組織活動を活かして，「日常の学校生活への指導や個別指導」を行うことである。

12-2-2　『生徒指導提要』における安全教育

『生徒指導提要』（文部科学省 2010）も主要な根拠となる。本提要では，児童生徒の安全にかかわる問題は発達の段階に応じて述べられている。

小学校では，低学年，中学年，高学年で特徴が異なる。小学校低学年では，「安全に行動することの大切さを理解し，安全のためのきまり・約束を守ることや身の回りの危険に気付くことができるようにすること」が重要とされる。そして，児童が「危険な状態を発見した場合や事件・事故災害時には，教職員や保護者など近くの大人に速やかに連絡し，指示に従う」といった行

動ができるように指導する。（文部科学省 2010，__部筆者（以下同様））

小学校中学年では，児童が「『生活安全』『交通安全』『災害安全』に関する様々な危険の原因や事故の防止について理解し，危険に気付くことができるとともに，自ら安全な行動をとることができるようにすること」が重要とされる。（文部科学省 2010）

小学校高学年では，「中学年までに学習した内容を一層深めるとともに，様々な場面で発生する危険を予測し，進んで安全な行動ができるようにする」ことが必要とされる。そして，「自分自身の安全だけでなく，家族など身近な人々の安全にも気配りができる」という態度の育成めざした指導が必要とされている。（文部科学省 2010）

中学校では，「小学校までに学習した内容をさらに深め，交通安全や日常生活に関して安全な行動をとるとともに，応急手当の技能を身に付けたり，防災への日常の備えや的確な避難行動ができる」という態度の育成めざす。そして，「他者の安全に配慮することはもちろん，自他の安全に対する自己責任感の育成も必要」とされている。さらに，「学校，地域の防災や災害時のボランティア活動等の大切さについても理解を深め，参加できる」という態度の育成めざしている。（文部科学省 2010）

これらを図にすると図 12−2 のようになる。

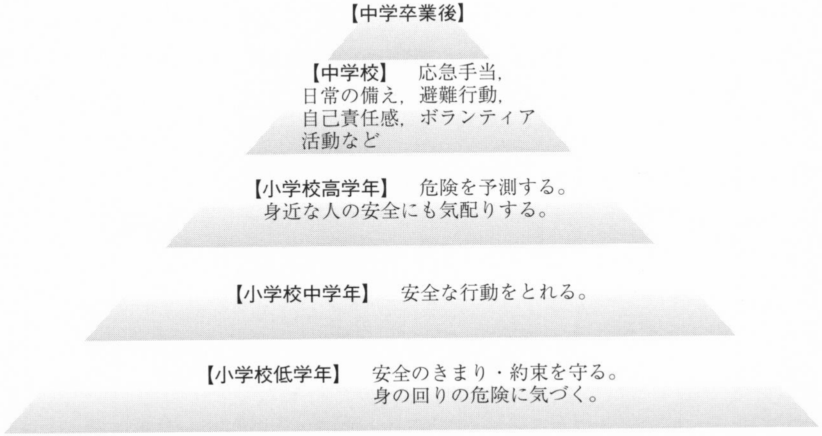
【中学卒業後】
【中学校】　応急手当，
日常の備え，避難行動，
自己責任感，ボランティア
活動など
【小学校高学年】　危険を予測する。
身近な人の安全にも気配りする。
【小学校中学年】　安全な行動をとれる。
【小学校低学年】　安全のきまり・約束を守る。
身の回りの危険に気づく。

図 12−2　『生徒指導提要』（文部科学省 2010）にみる安全教育

『生徒指導提要』における安全教育の特徴としては，積み上げ型である点がある。具体的には，小学校低学年の内容に加えて小学校中学年があり，さらに小学校高学年や中学校の内容が重なっていく構造である。具体的には，自分の危険に気づく，安全な行動がとれる，危険を予測し他の人の安全も気配りする，応急手当や災害時のボランティアなどができる，といったものが加わっていく。そして，安全教育の対象としては「生活安全」「交通安全」「災害安全」が念頭におかれている。

次に，これらの内容を具体的に指導計画にするとどうなるかをみてみよう。

12-3 生徒指導での安全教育の背景となる学校安全計画

学校において作成する計画等*)で，安全教育に関連するものとしては，学校保健安全法に基づいて作成が必須となっている「学校安全計画」がある。これは，安全点検，児童生徒等に対する安全に関する指導，教員研修，その他安全に関する事項，についての計画である。この「学校安全計画」の児童生徒等に対する安全に関する指導に，生徒指導における安全教育が対応している。文部科学省の作成した学校安全計画の学校安全に関する組織活動の例を図 12-3 に示す。

中学校では，春の交通安全運動，熱中症予防，心肺蘇生法，地域パトロール，秋の交通安全運動，津波防災と自転車の安全な利用，震災などについての指導等がある。小学校でも，春の交通安全運動，校外における児童の安全行動把握，地域パトロール，秋の交通安全運動，年末年始の交通安全運動などについての指導等がある。小学校よりも部活動のさかんな中学校のほうが熱中症対策などについては重要視されているようであり，一方で，小学校のほうが登下校時の交通安全については重要視されているようである。

---

*）これらには，主な根拠が法令に基づくもの，通知に基づくもの，答申や報告書等に基づくものがあり，作成の必要性が必須のものも任意のものもある。

中学校

	4月	5月	6月	7・8月	9月
学校安全に関する組織活動（研修を含む）	・春の交通安全運動期間の啓発活動，街頭指導 ・学区危険箇所点検 ・危機管理体制に関する研修	・校外における生徒の安全行動把握，情報交換 ・熱中症予防に関する研修	・学校安全に関する協議会 ・心肺蘇生法（AED）研修・防犯に関する研修（マニュアルの確認）	・地域パトロール ・学校が避難所になった場合の市職員や自主防災組織との話し合い等	・防災の日 ・秋の交通安全運動の啓発と街頭指導 ・防災に関する研修（避難訓練）

10月	11月	12月	1月	2月	3月
・学校安全委員会 ・校内の点検	・津波防災の日に係る啓発活動 ・自転車の安全な利用に関する研修（指導方法）	・地域防災訓練の啓発 ・通学路の点検	・阪神・淡路大震災（17日）の想起と防災の啓発活動 ・応急手当と緊急時校内連絡体制	・学校評価委員会（学校安全の取組に関する評価） ・校内事故等発生状況と安全措置に関する研修	・地域交通安全パトロール ・東日本大震災の想起と防災の啓発活動

小学校

	4月	5月	6月	7・8月	9月
学校安全に関する組織活動（保護者，地域，関係機関等との連携）	・登下校時，春の交通安全運動期間の街頭指導（保護者等との連携）	・校外における児童の安全行動把握，情報交換	・地域ぐるみの学校安全推進委員会 ・学区危険箇所点検	・地域パトロール意見交換会	・登下校時，秋の交通安全運動期間の街頭指導地域パトロール（保護者等の連携）

10月	11月	12月	1月	2月	3月
・学校安全委員会（学校保健委員会）	・地域教育会議	・年末年始の交通安全運動の啓発	・地域パトロール意見交換会	・学校安全委員会（学校保健委員会）	・地域ぐるみの学校安全推進委員会

図 12-3　学校安全計画の学校安全に関する組織活動の例（文部科学省 2019b，付録 pp.128-131 より引用）

12-4　生徒指導での安全教育の背景となる危機管理マニュアル

12-4-1　個別の危機管理

生徒指導では，個別の危機管理が必要な場面に遭遇することもある。その際の安全教育を進めるにあたって拠り所にできるものの一つとして，各学校で作成する学校の危機管理マニュアルがある。根拠となるのは「学校保健安全法」であり，「危険発生時対処要領」の作成が義務づけられている。これは，『学校の危機管理マニュアル作成の手引き』（文部科学省 2018）が手引書となっている。ここでは，危機への対応として3段階の対応が設定されている。それは，事前の危機管理（事故等の発生を予防する観点から，体制整備や点検，避難訓練について），個別の危機管理（事故等が発生した際に被害を最小限に抑える観点から，さまざまな事故等への具体的な対応について），事後の危機管理（緊急的な対応が一定程度終わり，復旧・復興する観点から，保護者への引渡しや心のケア，調査，報告について）である。

ここでは，個別の危機管理に絞って，対応をまとめておきたい。内容は，さまざまな事故，不審者侵入，登下校時の緊急事態(不審者事案)，交通事故，気象災害，地震・津波，新たな危機事案などである。

・事故には，頭頚部外傷，熱中症，食物アレルギーなどがある。頭頚部外傷の予防には，無理や練習や施設設備の不備等がないようにする。熱中症の予防には，トレーニングの軽減，水分補給，休憩などの措置をとる。食物アレルギーへの対応としては献立，給食時間における配慮などをする。

・不審者侵入には，教師は不審者に対して退去を求めたり警察等に通報したりする。児童生徒の安全を守り，児童生徒の負傷者の確認をし，応急手当をし，事後対応をしたりと，様々な対応がある。

・登下校時の緊急事態(不審者事案)には，緊急対応が必要な場合は被害者等の安全確保，不審者が確保されていない場合は登下校時の安全確保などの対応をする。

・交通事故には，交通事故発生後の対応や，被害者・加害者にならないための事前の対策がある。

・気象災害には，大雨，雷，竜巻がある。大雨に備えては，平時，登校前，下校時のそれぞれの学校等での対応がある。雷については，安全な空間に避難することなどが指導内容である。竜巻についても，教室にいる場合，教室以外の校舎内にいる場合，体育館や部活動などで屋外にいる場合，登下校中の場合のそれぞれに対応した避難の留意点がある。

・地震・津波には，事前から「備える」危機管理，発生時の「命を守る」危機管理，事後の「立て直す」危機管理を行うように対応する。

・新たな危機事案には，弾道ミサイル発射，学校への犯罪予告・テロ，インターネット上の犯罪被害がある。弾道ミサイル発射にかかわる対応も，学校にいる場合，校外活動中の場合，登下校中の場合，児童生徒等が自宅にいる場合でそれぞれに避難行動等の留意点がある。学校への犯罪予告・テロの場合は，国民保護法(正式名称「武力攻撃事態等における国民の保護のための措置に関する法律」)による情報伝達と避難行動の対応をとる。インターネット上の犯罪被害については，自画撮り画像の送信や危険な出会いなどの被害事例には「フィルタリングサービス」の必要性についての対応がある。

12-4-2　個別の危機管理に対応した生徒指導

ここでは，前項にあげた個別の危機管理のいくつかについて例をあげて安全教育にかかわる生徒指導の方法について紹介する*)。

(1)　熱中症の予防

学校管理下における熱中症の発生状況については，近年増加傾向にあるため，「熱中症事故の防止について(依頼)」(文部科学省 2019)がだされている。ここでは，特に夏期における児童生徒等の健康確保に向けた取り組みを喫緊の課題としている。

熱中症事故を防ぐためには，児童生徒に熱中症予防の原則をまず知らせることが有効である。その原則としては次の5つがある。1) 環境条件を把握し，それぞれに応じた運動，水分補給を行うこと。2) 暑さに徐々に慣らしていくこと。3) 個人の条件を考慮すること。4) 服装に気をつけること。5) 具合が悪くなった場合には早めに運動を中止し，必要な処置をすること。

図 12-4　独立行政法人日本スポーツ振興センター(2019)，熱中症を予防しよう(https://www.jpnsport.go.jp/anzen/Portals/0/anzen/kenko/pdf/card/H31/R1_5_1.pdf)（2020年6月11日に利用）

---

*) なお，登下校時の緊急事態(不審者事案)，交通事故，気象災害，地震・津波については，本書「総合的な学習の時間と安全教育」も参照願いたい。

さらには，教室や部活動の部室等に，たとえば，独立行政法人日本スポーツ振興センターが作成した図12-4のようなポスターを掲示することも有効であろう。

（2）　不審者侵入

学校関係者以外の学校への立ち入りについては，次のような対応をすることとなる。1）不審者かどうかの判断をする。2）立ち入りの正当な理由がない場合は，退去を求める。3）退去しない場合は，危害を加える恐れはないか判断する。4）危害を加える恐れがある場合は，隔離・通報する。5）隔離ができない場合は，子供の安全を守る。生徒指導での安全教育で重要なことは，児童生徒が，緊急時に教師の避難誘導に従って安全に避難できるようにすることである。

さらに，負傷者がいる場合は応急手当などをする。そして，事後の対応や措置をする。事後の対応としては，情報整理，保護者等への説明，心のケア，教育再開準備，再発防止対策実施，報告書作成，災害共済給付申請求などがある。詳細については，「学校への不審者侵入時の危機管理マニュアル」(文部科学省 2002)などが役立つ。

（3）　新たな危機事案(インターネット上の犯罪被害)

ここでは，生徒指導上の対応頻度が多い，インターネット上の犯罪被害を例としたい。インターネット上の危険や有害環境については，警察庁，内閣府，総務省などが対策を，いじめやトラブルについては，文部科学省や総務省などが対策をとっている。インターネット上の犯罪被害は省庁をまたいで対策がとられている緊急性の高いものである。

生徒指導としてできることは，児童生徒にインターネットを利用した危険な事例や手口を知らせること，SNSなどインターネットでの犯罪被害が近年増えていることを知らせること，トラブルや犯罪被害にあってしまったらすぐに保護者，教師，警察に相談することを知らせることなどである(警察庁・文部科学省 2017)。

12-5　生徒指導での安全教育を含んだ指導案とワークシート

これまでの内容をふまえて，生徒指導での安全教育を含んだ指導案とワークシートを考えてみたい。生徒指導は教科等ではないため特定の時間枠がない。そのため，単独では学習指導案の作成は行われず，関連する教科等のなかで指導が行われる。生徒指導での安全教育については，たとえば，**中学校特別活動の学級活動**（2）**適応と成長及び健康安全**の「キ　心身ともに健康で安全な生活態度や習慣の形成」でも指導がなされる。そのため，ここでは，安全な生活態度や習慣の形成を図るための指導案を作成してみよう。なお，授業の進め方はOECDのAnticipation-Action-Reflection Cycle（AAR Cycle）を活用する。

〈中学校　学級活動　指導案〉

目標　熱中症を予防するための安全な生活態度を形成しよう。
内容

段階	生徒の活動	教師の指導	教材と評価
予測 Anticipation	熱中症の予防について関心をもつ。	熱中症の予防についてアイディアを考えさせる。	評価 ・生徒の態度によって関心の高さを観察評価する。
実践 Action	ワークシートに基づいて個人で予防策を考える。 ペアで意見交換をする。 意見交換の成果をふまえて各自が予防策を発表する。	個別活動，ペア活動，発表の順で授業を展開する。 服の色，帽子，通気性のよい服装，水分補給，部屋の温度，湿度などのヒントを伝える。	教材 ・TPSワークシート 教材 ・日本スポーツ振興センター作成熱中症予防ポスター（2019） 評価 ・ワークシートへの記載内容を把握する。
振り返り Reflection	本日の学習成果を1分間でまとめる。	生徒の発表をまとめて，不正確な部分は修正する。	教材 ・OMP 評価 ・OMPへの記載内容から理解度を把握する。

ワークシート 1 Think-Pair-Share

熱中症対策について有効な方法を考えましょう。	
自身で考えた熱中症対策の方法をペアで紹介しあいましょう。	
ペア学習の成果を生かして発表することをまとめましょう。	

ワークシート 2 One-Minute Paper

今日学んだ内容でもっとも重要なことはなんでしたか。
今日の授業でさらに考えを深めたいと思ったことはどのようなことですか。

まとめ

本章では，生徒指導における安全教育について，多角的に検討を深めてきた。まず，『生徒指導提要』(文部科学省 2010)において，安全教育は系統的に指導する計画となっていることがわかった。具体的には，小学校低学年で身の回りの危険に気づくことなど，小学校中学年で安全な行動がとれることなど，小学校高学年で身近な人の安全にも気配りできることなど，中学校では，応急手当てができることなどを生徒指導で取り扱う。そして，小学校も中学校も学校安全計画で学校安全に関する組織活動が計画しなければならないことが明らかとなった。具体的には，交通安全運動，熱中症予防，心肺蘇生法，地域パトロール，津波防災と自転車の安全な利用，震災などがある。最後に，学校の危機管理マニュアルと生徒指導の関係について明らかにでき

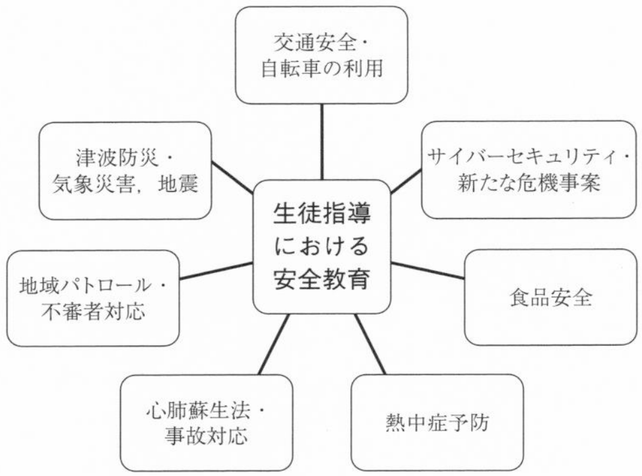

図 12-5　生徒指導における安全教育の内容

た。具体的には，さまざまな事故，不審者侵入時，登下校時の緊急事態(不審者事案)，交通事故，気象災害，地震・津波，新たな危機事案などへの対応をマニュアル化する必要があることがわかる。これらを図にすると次のようになる(図 12-5)。なお，新たな危機事案は時代とともに教師が意識していないものが常に登場してくる可能性がある。教師も常に最新のイノベーションに留意して，危機を察知する力を高めていけるとよい。

参 考 文 献

警察庁・文部科学省(2017)，ネットには危険もいっぱい～他人事だと思ってない？
https://www.mext.go.jp/component/a_menu/education/detail/__icsFiles/afieldfile/2018/05/31/1396309.pdf (2020 年 1 月 11 日確認)

文部科学省(2019a)，熱中症事故の防止について(依頼)
https://anzenkyouiku.mext.go.jp/heatillness/data/190524jikoboushi.pdf
(2020 年 1 月 11 日確認)

文部科学省(2019b)，学校安全資料 「生きる力」をはぐくむ学校での安全教育
https://anzenkyouiku.mext.go.jp/mextshiryou/data/seikatsu03_h31.pdf
(2019 年 10 月 17 日確認)

文部科学省(2018)，学校の危機管理マニュアル作成の手引き
https://www.mext.go.jp/a_menu/kenko/anzen/__icsFiles/afieldfile/ 2019/05/07/1401870_01.pdf (2020 年 1 月 9 日確認)

文部科学省(2017a)，小学校学習指導要領(平成 29 年告示)
http://www.mext.go.jp/component/a_menu/education/micro_detail/__icsFiles/afieldfile/2019/09/26/1413522_001.pdf (2019 年 10 月 17 日確認)

文部科学省(2017b)，中学校学習指導要領(平成 29 年告示)
http://www.mext.go.jp/component/a_menu/education/micro_detail/__icsFiles/afieldfile/2019/09/26/1413522_002.pdf (2019 年 10 月 17 日確認)
文部科学省(2011)，中学校キャリア教育の手引き
http://www.mext.go.jp/component/a_menu/education/detail/__icsFiles/afieldfile/2011/06/16/1306818_06.pdf (2019 年 12 月 5 日確認)
文部科学省(2010)，生徒指導提要
https://www.akita-c.ed.jp/~cjid/teiyou.htm (2020 年 1 月 8 日確認)
文部科学省(2002)，学校への不審者侵入時の危機管理マニュアル
http://www.kenkoukyouikusidousyakousyuukai.com/img/file96.pdf (2020 年 1 月 11 日確認)
文部科学省国立教育政策研究所生徒指導・進路指導研究センター(2015)，生徒指導リーフ　生徒指導って，何？ Leaf.1.
https://www.nier.go.jp/shido/leaf/leaf01.pdf (2019 年 12 月 5 日確認)
日本スポーツ振興センター(2019)，熱中症予防ポスター　熱中症を予防しよう
https://www.jpnsport.go.jp/anzen/Portals/0/anzen/kenko/pdf/card/H31/R1_5_1.pdf (2020 年 6 月 11 日確認)

付録：第２次学校安全の推進に関する計画*)（抜粋）

Ⅰ　児童生徒等の安全を取り巻く現状と課題（略）
１．学校安全に関するこれまでの取組（略）
２．これまでの取組を踏まえた課題（略）

Ⅱ　今後の学校安全の推進の方向性（略）
１．目指すべき姿（略）
２．施策目標（略）

Ⅲ　学校安全を推進するための方策
１．学校安全に関する組織的取組の推進（略）
２．安全に関する教育の充実方策
（1）「カリキュラム・マネジメント」の確立を通じた系統的・体系的な安全教育の推進
<課題・方向性>
○　第１次計画においては，各教科，道徳，特別活動，総合的な学習の時間など学校の教育活動全体において行われる総合的な安全教育によって，児童生徒等自身に安全を守るための能力を身に付けさせることが学校に求められる第一の役割として挙げられている。
具体的には，
ⅰ）　日常生活における事件・事故，自然災害などの現状，原因及び防止方法について理解を深め，現在や将来に直面する安全の課題に対して，的確な思考・判断に基づく適切な意思決定や行動選択ができるようにすること
ⅱ）　日常生活の中に潜む様々な危険を予測し，自他の安全に配慮して安全な行動をとるとともに，自ら危険な環境を改善できるようにすること
ⅲ）　自他の生命を尊重し，安全で安心な社会づくりの重要性を認識して，学校，家庭及び地域社会の安全活動に進んで参加し，貢献できるようにすること
など，発達段階に応じて，児童生徒等の能力を育むことが目標とされている。特に，日常生活においても，状況を適切に判断し最善を尽くそうとする「主体的に行動する態度」を育成する教育の重要性とともに，危険に際して自らの命を守り抜くための「自助」だけではなく，自らが進んで安全で安心な社会づく

＊）文部科学省（平成 29 年 3 月 24 日）https://www.mext.go.jp/a_menu/kenko/anzen/1383652.htm 参照。

りに参加し，貢献できる力を身に付ける「共助，公助」の視点からの教育の重要性が指摘されている。さらに，これらを実現するため，教科等を横断する総合的な指導計画の下，系統的・体系的に安全教育を行うことにより，安全教育の質・量の両面での充実を図ることや，国が各教科等における安全に関する指導内容を整理して提示することなどの必要性が提起されている。

○　また，中学校学習指導要領（平成20年文部科学省告示第28号）総則において，「体育・健康に関する指導は，生徒の発達段階を考慮して，学校の教育活動全体を通じて適切に行うものとする。特に，学校における食育の推進並びに体力の向上に関する指導，安全に関する指導及び心身の健康の保持増進に関する指導については，保健体育科の時間はもとより，技術・家庭科，特別活動などにおいてもそれぞれの特質に応じて適切に行うよう努めること」[17]とされているとともに，幼稚園教育要領（平成20年文部科学省告示第26号）の特に留意する事項において，「安全に関する指導に当たっては，情緒の安定を図り，遊びを通して状況に応じて機敏に自分の体を動かすことができるようにするとともに，危険な場所や事物などが分かり，安全についての理解を深めるようにすること。また，交通安全の習慣を身に付けるようにするとともに，災害などの緊急時に適切な行動がとれるようにするための訓練なども行うようにすること。」とされており，第１次計画期間中には，各教科等における様々な教育活動を通じて，上記の目標の実現のための取組が行われてきた。

○　一方，各学校における様々な教育活動と安全教育を関連付けた系統的・体系的な取組の状況については，学校間・地域間で差がある。また，国の作成する教職員向けの指導用参考資料は，大まかな教育目標や実践事例の提示はなされているが，関係する各教科等の内容や教育課程全体とのつながりが十分に整理されていないなどの課題が指摘されている。

○「幼稚園，小学校，中学校，高等学校及び特別支援学校の学習指導要領等の改善及び必要な方策等について（答申）」（平成28年12月21日中央教育審議会）では，「安全で安心な社会づくりのために必要な力」は，現代的な諸課題に対応して求められる資質・能力の一つとして，「教科等の関係を明確にし，どの教科等におけるどのような内容に関する学びが資質・能力の育成につながるのかを可視化し，教育課程全体を見渡して確実に育んでいくこと」とされており，これを踏まえ，各学校におけるカリキュラム・マネジメントの確立や，主体的・対話的で深い学び（アクティブ・ラーニング）の視点からの授業改善により，安全に関する資質・能力を，各学校段階を通じて教科等横断的な視点で体系的に育んでいくことが重要である。

○　上記答申においては，全ての教科等について育成を目指す資質・能力を「知識・技能」「思考力・判断力・表現力等」「学びに向かう力・人間性等」の３つの柱で整理している。「健康・安全・食に関する資質・能力」についても同様に整理しており，このうち安全に関する内容を示すと以下のようになり，各学校には，これを踏まえつつ地域の特性や児童生徒等の実情に応じた安全教育の推進が求

17）小学校学習指導要領（平成20年文部科学省告示第27号）及び高等学校学習指導要領（平成21年文部科学省告示第34号）においても同様に記載。

められる。

【安全に関する資質・能力】

（知識・技能）

様々な自然災害や事件・事故等の危険性，安全で安心な社会づくりの意義を理解し，安全な生活を実現するために必要な知識や技能を身に付けていること。

（思考力・判断力・表現力等）

自らの安全の状況を適切に評価するとともに，必要な情報を収集し，安全な生活を実現するために何が必要かを考え，適切に意思決定し，行動するために必要な力を身に付けていること。

（学びに向かう力・人間性等）

安全に関する様々な課題に関心を持ち，主体的に自他の安全な生活を実現しようとしたり，安全で安心な社会づくりに貢献しようとしたりする態度を身に付けていること。

○　安全は様々な分野を横断する総合的な課題であり，一つの分野において解決できる問題ではないことから，児童生徒等が安全についての深い学びを得るためには，各教科等に固有の観点から安全を学びながら，それぞれの学習内容を関連付けて考えることが重要である。また，児童生徒等が安全に興味・関心を抱くきっかけは様々であり，教科等横断的な学習を進めることにより，児童生徒等の興味・関心の入り口の多様性を確保することが可能となる。このため，学校教育活動の様々な場面において安全に関する内容を取り入れることが重要である。さらに，小学校までに学習した安全教育の内容に，中学校や高等学校における専門的な学習内容が加わることにより，これまで学習した知識・技能や経験がつなげられ，学びが一層深められていくと考えられることから，学校種間の学習の系統性を念頭に置いた安全教育を推進することも重要である。

＜具体的な方策＞

○　第１次計画において必要とされた系統的・体系的な安全教育を推進する上では，各学校における安全教育に係るカリキュラム・マネジメントの確立が不可欠である。各教科等の内容と安全教育との関係については，「幼稚園，小学校，中学校，高等学校及び特別支援学校の学習指導要領等の改善及び必要な方策等について(答申)」に防災を含む安全に関する教育のイメージが例示されているところであり，国は，安全に関する資質・能力と，各教科等の内容や教育課程全体とのつながりや学校種間の系統性等について整理し，各種指導資料等を通じて教育委員会及び学校に示す。その際，前述の学校における人的体制の整備や学校安全に関する教職員の研修・養成の推進との関連にも留意して整理することが重要である。

○　各学校は，上記の国が整理した内容を踏まえ，自助，共助，公助の視点を適切に取り入れながら，地域の特性や児童生徒等の実情に応じて，各教科等の安全に関する内容のつながりを整理し教育課程を編成することが必要である。具体的には，各教科や総合的な学習の時間，特別活動等において年間を通じて指導すべき内容を整理して，学校安全計画に位置付けることにより，系統的・体系的な安全教育を計画的に実施することが求められる。

○　幼稚園における安全教育に関しては，前述の幼稚園教育要領の領域「健康」や「人間関係」等において，幼児の安全と密接に関係する内容が盛り込まれている[18)]。また，「幼稚園，小学校，中学校，高等学校及び特別支援学校の学習指導要領等の改善及び必要な方策等について(答申)」において，「安全な生活や社会づくりに必要な資質・能力を育む観点から，状況に応じて自ら機敏に行動することができるようにするとともに，安全についての理解を深めるようにする」といった観点から教育内容の見直しを図ることとされており，幼稚園では，これらを踏まえて様々な場面や活動を通して総合的に指導することが必要である。

○　学校は，児童生徒等が安全に関する資質・能力を教科等横断的な視点で確実に育むことができるよう，児童生徒等の意識の変容などの教育課程の実施状況に関する各種データの把握・分析を通じて，安全教育に関する取組状況を把握・検証し，その結果を教育課程の改善につなげていくなど，カリキュラム・マネジメントの確立を通じて地域の特性や児童生徒等の実情に応じた安全教育を推進することが必要である。

（2）優れた取組の普及を通じた指導の改善・充実

＜課題・方向性＞

○　安全で安心な生活や社会づくりに向けて主体的に行動する態度を育成するためには，様々な機会を通じて，体験的・実践的な学習を展開することが重要である。第1次計画期間中，各学校においては，通学路の安全マップの作成，緊急地震速報を活用した予告なしの避難訓練など，地域の安全課題に応じて，関係機関等と連携した教育や実践的な避難訓練等が行われてきた。また，国においては，各学校での取組を促進するため，実践的で効果的な指導の工夫改善の在り方を研究し，その成果の普及を目指したモデル事業，安全教育に関する参考資料の作成，研究開発学校を活用した先進的取組の研究等を行ってきた。

○　第1次計画期間中の取組により，体験的・実践的な取組は全国的に広がっているものの，その取組状況には地域差があることも事実である。また，安全教育は，主体的に行動する態度の育成や地域社会への貢献に関する意識の涵養など，安全に関わる様々な価値観の醸成という側面を含むため，効果的な指導方法の開発が容易ではないとされている。これまでも，国は各地域における先進的な取組の開発・成果検証等を支援してきたが，各地域の取組を外部専門家の参画により改善するという個別的な試みにとどまっているものもあり，効果的な教育課程の編成の在り方，指導方法や教材の開発など，各学校での活用が期待される安全教育の取組の蓄積が十分になされているとは言えない。

18）具体的には，幼稚園教育要領(平成20年文部科学省告示第26号)の領域「健康」において，「危険な場所，危険な遊び方，災害時などの行動の仕方が分かり，安全に気を付けて行動する」こと，領域「人間関係」において，「きまりの大切さに気付き，守ろうとする」こと，領域「言葉」において，「人の話を注意して聞き，相手に分かるように話す」ことなどを学ぶこととされている。

○　また，第１次計画において指摘されているとおり，運動能力や判断能力は，個々の児童生徒等によって相当異なるとともに，児童生徒等の心身は在学中に極めて大きく変化するため，児童生徒等の発達段階や個々の状況に応じた指導を適切に行うことが必要である。国は，防災教育に関して，児童生徒等の発達段階に応じた教育目標の設定や具体的指導事例の作成などを行ってきたところであるが，各学校において効果的な安全教育を実施するためには，引き続き，児童生徒等の状況に応じた配慮や工夫を含めた適切な指導方法の検討が求められる。

○　安全教育の推進が次世代の安全で安心な社会づくりに寄与するという観点からは，より大人に近い年齢である中学生や高校生に対して，安全という価値を内面化するための教育を行うことの社会的意義は大きい。また，青年期にある中学生や高校生が，地域の安全課題に対して一定の役割を担い，その改善に貢献することは，生徒の自己肯定感の向上やキャリア意識の涵養につながると考えられる。このため，中学校や高等学校においても，積極的な安全教育の展開が必要である。

○　学校教育活動全体において児童生徒等の安全を確保することは大前提であるが，児童生徒等の保護という観点のみならず，児童生徒等自身の危険予測・危険回避などの安全に関する資質・能力の育成も重要であることから，基本的な安全管理とバランスの取れた安全教育が求められている。また，自然災害や犯罪被害に関する教育を行う際には，自然がもたらす恩恵や児童生徒等の安全を守る地域の努力についても触れることなどにより，児童生徒等が自身の暮らす地域に対して愛着を持ったり，大切に思ったりできるようにすることへの配慮も必要である。

○　児童生徒等が危険箇所とされていない場所にいる場合やルールを守って行動している場合においても，適切に周囲の環境に注意を払い安全に行動できる資質・能力を身に付けさせることが必要である。また，地震・津波などの自然現象自体は防ぎようがないことや，交通事故等の危険の無い環境は無いという前提に立ち，児童生徒等が自らを取り巻く環境における危険を適切に認識し，適切な行動に結び付けられるようにすると同時に，自ら危険な環境を改善するなど安全で安心な社会づくりに貢献する意欲を持てるようにすることが重要である。その際，外部有識者の知見を積極的に取り入れ，例えば，これまで教職員では気付きえなかった危険の認識・共有や，地域特性の理解を得ることなどが有効である。

○　近年，教員の多忙化がとみに指摘されている状況に鑑みれば，指導事例や教材などを学校に示す際には，既に学校で行われている取組を念頭に置きつつ，それらの取組をより効果的に実施することに資するものを適切に提供することが求められる。

○　安全教育の改善・充実を絶えず図っていくためには，効果的な安全教育の在り方を研究する専門家の養成も重要であるところ，様々な安全教育の取組に外部専門家を活用することは，専門家養成という観点からも重要である。

<具体的な方策>

○　事故等の発生に対して，自ら主体的に行動する態度を育むためには，児童生徒等が自ら危険予測し，安全な行動や社会づくりまでを考えるような体験的・実践的な学習が重要であることは言うまでもない。このため，国は，次期学習指導要領に向けた議論で提起されている，主体的・対話的で深い学び（アクティブ・ラーニング）の視点からの授業改善という観点を踏まえつつ，児童生徒等の適切な意思決定や行動選択につながるような指導の工夫改善方策を検討し，各種指導資料等を通じて学校に示す。その際，特別支援学校や幼稚園を含め，児童生徒等の発達段階及び学校種の特性やつながりを踏まえたものとすることが必要である。

○　国は，教科担任制の中学校や高等学校も含め，教科等横断的な視点による系統的・体系的な安全教育が全国的に展開されるよう，先進的な取組を行う教育委員会及び学校を支援する。また，それらの取組から得られた知見を活用して，安全教育に関する効果的なカリキュラムや評価手法の開発を行う。先進的な取組の支援を行う際には，成果が特定の学校や地域にとどまることのないよう，得られた知見を広く共有・普及し，全国における安全教育の質的向上につなげる仕組みを構築することが重要である。

○　安全教育の推進に向けた指導の工夫改善の取組を学校教育活動の中にしっかりと定着させていくために，学校は，教育課程全体を見通してどの教科等において何に取り組むのかということや，それぞれの活動がどのように関連しているのかということについて，あらかじめ整理し，教職員の共通理解を得ておくことが必要である。例えば，地域の防犯，防災，交通安全に係る安全マップづくりは，児童生徒等自身に周囲の環境における危険箇所の確認や危険予測を行わせたり，具体的な行動を考えさせたりする上で有効であるが，地域の歴史や自然環境を学ぶための活動を関連させることにより，児童生徒等が地域を様々な観点から理解することにも役立つものである。このため，安全教育の観点だけではなく，教科等の目標と関連付けた地域学習の一環として位置付けるなどの工夫が必要である。

○　安全教育を効果的に実施する上で，教育課程や指導方法，指導体制などを不断に改善していく視点は必要不可欠である。したがって，国及び教育委員会等は，児童生徒等の意識の変容など，安全教育の実施状況を把握・検証し，教育課程の改善につなげるための方策について引き続き検討が必要である。その際，これまでの研究開発学校[19)]等における取組の成果も活用することが重要である。

○　特別支援学校や幼稚園を含め，児童生徒等の発達段階や個々の状況，地域の実情・特性は多様であることから，安全に関する指導方法を固定的に捉えるのではなく，様々な試みを関係者間で積極的に共有しながら，その教育効果を検証し，効果的な在り方を見いだしていくことが必要である。これらで得られた成果については，学校間や地域間で共有し，取組の差を解消していくことが重要である。このため，国は，各地域の実践事例を共有する場を定期的に設けるとともに，「学校安全ポータルサイト」の充実・活用等により，各主体の作成した教材や映像資料等の普及を促進する。

○　学校における避難訓練は，第１次計画期間中の取組により，管理職以外の教職員や児童生徒等に予告なく行うものや緊急地震速報を活用したものなど，実践的な訓練手法が浸透するとともに，避難生活の体験を行う防災キャンプなど，児童生徒等の実践的な安全教育の手法としての活用も進んでいる。学校は，地域の特性を踏まえ，このような実践的な取組を一層推進することが必要である。また，防災の側面に加え，防犯も含めた危機発生時全般の対応についての学習にも併せて取り組むことが必要である。さらに，訓練の過程で，改善が必要な危険箇所が確認されることもあり，後述の学校安全に関する PDCA サイクルの確立にも生かしていくことが重要である。

（３）現代的課題への対応

＜課題・方向性＞

○　第１次計画策定前より，生活の様々な場面で児童生徒等が携帯電話やコンピュータを利用する機会が増加し，違法・有害情報サイトを通じた犯罪等に巻き込まれたり，携帯電話等を使ったいじめが発生したりするなどの問題が生じている。近年では，スマートフォンやタブレットをはじめとして様々な電子機器からのインターネットの接続機会が増えるとともに，SNS の普及などインターネットを経由したコミュニケーションツールの多様化への対応も求められている。また，スマートフォンなどの携帯端末を利用しながらの歩行や自転車運転により，交通事故に巻き込まれる事例や，事故の加害者となってしまう事例も発生している。

○　人為的な影響による地球温暖化に伴う気候変動に関する科学的知見を踏まえると，児童生徒等が生きる時代の風水害や高潮，土砂災害は，極端な気象による激甚化が予想されており，過去の経験を上回る可能性があることにも留意が必要である。

○　近年，諸外国において日本人が巻き込まれるテロや犯罪被害が相次いでいる。児童生徒等の成長に伴いその活動範囲が海外にも広がることも念頭に置いて，安全教育を行うことが重要である。

＜具体的な方策＞

○　国は，安全教育に関する各種参考資料の作成等に当たって，上記の現代的な

19）研究開発学校では，防災を中心とした安全教育を充実する観点から以下の研究開発課題により研究が行われてきた。

○　東日本大震災の教訓や体験を基に，防災教育を中心とした安全教育を独立した領域として創設し，児童が生涯にわたって自助と公助の意識を持って行動していく防災対応力や危険を予測し回避する力，安全な社会づくりに貢献する心等を育む教育課程の研究開発を行う。

○　防災教育を中心とした安全教育に関連する指導内容を統合・再編成して，未来へ生き抜く力の基盤となる基礎的・基本的な知識・技能を定着させるとともに，主体的・協働的・創造的に行動する態度を育成するための学びの変革を図り，新たな教科等の枠組を構築する研究開発を行う。

課題についても取り入れることなどにより，各学校での取組を促す。

○　児童生徒等をインターネット上の有害情報から守り，また，児童生徒等の情報モラルを育成するとともに，携帯端末を利用しながらの歩行等による交通事故を防ぐため，教職員や保護者が児童生徒等を取り巻くICT環境の現状を正確に理解し，学校，家庭，関係省庁，民間企業，地域社会等が一体となって，技術の進展に柔軟に対応した対策に取り組むことが必要である。

○　学校は，児童生徒等が海外を含めた様々な環境においても，適切な情報収集や危険予測により，自他の安全を守るために必要な行動をとる必要が生じることを念頭に置いて，安全に関する資質・能力を確実に身に付けさせることが必要である。

３．学校の施設及び設備の整備充実（略）

４．学校安全に関するPDCAサイクルの確立を通じた事故等の防止（略）

５．家庭，地域，関係機関等との連携・協働による学校安全の推進（略）

索　引

さ　行

た　行

な　行

は　行

編者略歴

渡邉正樹
わたなべまさき

1988年 東京大学大学院教育学研究科博士課程修了
鳥取大学専任講師，兵庫教育大学助教授を経て
現在 東京学芸大学教職大学院教授
博士(教育学)
日本安全教育学会理事長，中央教育審議会初等中等教育分科会委員，「学校安全資料『生きる力』をはぐくむ学校での安全教育」作成会議委員長等を務める。

林尚示
はやしまさみ

1999年 筑波大学大学院教育学研究科博士課程単位取得退学
山梨大学講師・助教授，メルボルン大学客員研究員，東京大学大学院国内研究員，国立嘉義大学(台湾)客員研究員，等を経て
現在 東京学芸大学教育学部准教授，国立台湾師範大学客員研究員
博士(教育学)(日本大学)

2020年9月4日 初版発行

小学校・中学校における
安全教育

編者 渡邉正樹
林 尚示
発行者 山本 格

発行所 株式会社 培風館
東京都千代田区九段南 4-3-12・郵便番号 102-8260
電話(03)3262-5256(代表)・振替 00140-7-44725

三美印刷・製本

PRINTED IN JAPAN

ISBN 978-4-563-05258-4 C3037